Rina Lapidus

·

Russian Ideational Roots of Jewish Thought and Hebrew Literature

Boston

2024

Рина Лапидус

·

Русские корни еврейской мысли и литературы на иврите

Academic Studies Press

Библиороссика

Бостон / Санкт-Петербург

2025

УДК 94 (41/99)+ 821.411.16+ 821.411.16
ББК 83.3
Л24

Перевод с английского Александры Глебовской

Серийное оформление и оформление обложки Ивана Граве

Лапидус, Рина.

Л24   Русские корни еврейской мысли и литературы на иврите /
Рина Лапидус; [пер. с англ. А. Глебовской]. — СПб.: Academic
Studies Press / Библиороссика, 2025. — 148 с. — (Серия «Современная иудаика» = «Contemporary Judaica»).

ISBN 979-8-887199-45-0 (Academic Studies Press)
ISBN 978-5-907918-33-7 (Библиороссика)

В монографии исследуется влияние русской мысли и литературы XVIII–XIX веков на культуру европейских евреев. Анализируя обширный корпус текстов известных русских и еврейских мыслителей, Рина Лапидус показывает проникновение идей национального пробуждения из русской в еврейскую интеллектуальную среду, а также адаптацию этих концепций к реалиям и опыту еврейской жизни в Центральной и Восточной Европе.

Особое внимание в книге уделяется поиску истины и справедливости — но если у героя русской литературы целью этого поиска чаще является Бог, то еврейский литературный герой, как правило, выбирает путь к достижению духовного, социального и национального благополучия своего народа. Так заимствования из русской культуры переосмысливаются евреями в ходе поиска национальной идентичности.

Автор убедительно демонстрирует, что заимствование идеологических концепций органично интегрировано в еврейскую культуру и является универсальным инструментом ее развития.

УДК 94 (41/99)+ 821.411.16+ 821.411.16
ББК 83.3

ISBN 979-8-887199-45-0
ISBN 978-5-907918-33-7

Если я забуду тебя, Иерусалим, —
забудь меня, десница моя.
Псалом 136:5

Книга посвящается Иерусалиму —
моей подлинной родине, где я провела
большую часть жизни

Введение

Русские идейные корни еврейского Просвещения и литературы на иврите

Стилистическое и композиционное сходство литературы на иврите с русской и европейской литературами рассмотрено в целом ряде исследований, однако работ, где речь идет об идейном сходстве литератур еврейского Просвещения и на иврите с русской и европейской литературами, довольно мало. В этой книге впервые раскрыто идейное влияние русской мысли последней четверти XIX и первой четверти XX века на еврейскую интеллигенцию Российской империи, равно как и отражение этого влияния в литературе еврейского Просвещения, а впоследствии — и в литературе на иврите. До сих пор считалось, что литература еврейского Просвещения и литература на иврите ограничились тем, что впитали внешние, но не исконные элементы русской культуры, такие как поэтический стиль литературных произведений, литературные жанры, полемические приемы. В этой книге выявлено, какие именно концептуальные представления восприняли еврейские мыслители и писатели, знакомые с русской философией и литературой. Я привожу примеры из произведений И. Д. Берковица[1], Й. Х. Бренера[2],

---

[1] Исаак Дов Берковиц (1885–1967) — писатель, родившийся в России и творивший на иврите; переводчик с идиша на иврит.

[2] Йосеф Хаим Бренер (1881–1921) — уроженец Российской империи; поэт и публицист, писавший на иврите; один из основателей современной литературы на иврите.

Х. Н. Бялика[3], Н. Г. Вессели[4], Й. Л. Гордона[5], Й. Л. Пинскера[6], П. Смоленскина[7], Х. Хазаза[8], Я. Штейнберга[9].

Книга состоит из двух частей. Первая носит название «Русские корни национальных идей еврейского Просвещения и сионистского движения в Российской империи». В ней идет речь о концепции национальной идентичности как таковой и ее трактовке в различных интеллектуальных и общественных кругах Восточной Европы начиная с середины XIX века. В этот период в разных частях Восточной Европы развивалось национальное самосознание, возникали движения за национальное освобождение. У еврейского Просвещения было много общих духовных свойств с аналогичными движениями в России и Восточной Европе, участники которых тоже занимались поисками своей националь-

---

3 Хаим Нахман Бялик (1873–1934) — еврейский поэт, писатель, эссеист, переводчик и редактор; писал на иврите и идише; стал одним из основоположников современной поэзии на иврите.

4 Нафтали Герц Вессели (Гартвиг, 1725–1805) — еврейский поэт, филолог, переводчик, один из крупнейших деятелей Хаскалы и возрождения иврита, автор экзегез.

5 Йегуда Лейб Гордон (1830–1892) — один из самых значительных поэтов, писавших на иврите, и публицистов Хаскалы (еврейского Просвещения); сыграл ведущую роль в возрождении еврейского языка и культуры.

6 Йехуда Лейб Пинскер (1821–1891) — русский еврей, врач, один из первых деятелей сионистского движения, основатель и лидер партии Ховевей Цион (Хибат Цион); автор знаменитого памфлета «Автоэмансипация», вышедшего с подзаголовком «Предупреждение соотечественникам от русского еврея» («Mahnruf an seine Stammgenossen, von einem russischen Juden», 1882), в котором Пинскер призывает евреев бороться за независимость и укрепление национального самосознания.

7 Перец Смоленскин (1842–1885) — публицист-сионист, писавший на иврите в России, активный сторонник еврейского национализма; проявлял большой интерес к планам колонизации Палестины; его журнал на иврите «Рассвет» («Ха-Шахар») пользовался значительным влиянием в соответствующих кругах.

8 Хаим Хазаз (1898–1973) — уроженец Украины; поэт и публицист, писавший на иврите.

9 Яков Штейнберг (1887–1947) — уроженец Украины; поэт и писатель, творивший на иврите. В литературе на иврите присутствует множество иных примеров русского влияния, не упомянутых в этой книге, см. [Miron 1997].

ной идентичности. В четырех главах этой части книги показано, что между подходами к национальным вопросам представителей еврейского Просвещения и русских националистических движений существуют четкие идейные параллели.

Вторая часть называется «Русское идейное влияние в художественных произведениях на иврите». Авторы, писавшие на иврите, с величайшим уважением относились к своей религии. Для них иудаизм был той скалой, из которой их всех высекли и отходить от которой им строго запрещалось. Если авторы других литератур занимались поисками «праведного Бога» в соответствии с собственным мировоззрением, рассуждали о том, существует ли Бог на самом деле, и о том, что он собой представляет, писатели-евреи сторонились подобных вопросов. Для еврейских литераторов ответы на эти и все прочие потенциальные теологические вопросы уже имелись в традиционной еврейской религиозной литературе. Они считали неуместным покушаться на святое и заниматься подобной ересью.

С одной стороны, еврейские мыслители и писатели стремились хранить верность еврейской религии и не могли (да и не хотели), по эмоциональным причинам, от нее отрываться; с другой — они учились у русских мыслителей и литераторов и пытались им подражать. Их тянуло на чужие пастбища, они хотели сочинять книги высокой нравственной и интеллектуальной ценности, какие существовали в иностранных литературах, в особенности в русской, именно поэтому в их отношении к иудаизму присутствовала определенная амбивалентность. Приверженность еврейской религии и традиции мешала еврейским писателям использовать идеи и приемы, существовавшие в других литературах. Когда писатели-евреи писали об иудаизме, речь, как правило, шла о фрейдистских отношениях. С одной стороны, приверженность еврейской религии мешала им создать такую же литературу, как у других народов; с другой — именно по причине своей преданности еврейской религии они создали совершенно особенную, самобытную еврейскую литературу.

Как показано в первой главе этой части книги, «Русский богословский роман и его идеологическое воспроизведение в литературе на иврите», еврейские писатели создавали свою национальную литературу, отдавая предпочтение не религии, а иным сферам. Если авторы русских романов занимались богоискательством, авторы современной литературы на иврите ставили перед собой стратегические и тактические цели в личном, культурном, общественном или национальном ключе, не вдаваясь в теологию. Я обоснованно показываю, что в рамках литературы на иврите, глубоко фундированной в еврейскую традицию, нет места для богословского романа в том виде, в каком он существовал в русской литературе. Вместо этого развитие получил идеологический роман. Он стремительно рос и получил широкое признание.

Во второй главе второй части книги — она носит название «Поэма "Песни славы" Н. Г. Вессели» — приведены многочисленные примеры заимствований из иностранных литератур. В этой главе я показываю, что поэма представляет собой запутанное и непоследовательное смешение разных жанров и стилей, так что в результате, вопреки авторскому замыслу, возникает пародийный эффект. В то же время автору присущи безупречная верность еврейской традиции и религиозный пыл, что в этой эпической поэме выглядит гротескно.

В качестве вывода можно сказать, что русская философия и русское богословие оказали огромное влияние на мыслителей Хаскалы (еврейского Просвещения), а также на писателей этого периода и на авторов более поздних произведений на иврите, даже если они не сознавали этого. Они впитали идейные составляющие русской литературы и включили их в свои произведения на иврите.

Часть I

....

РУССКИЕ КОРНИ НАЦИОНАЛЬНЫХ ИДЕЙ ЕВРЕЙСКОГО ПРОСВЕЩЕНИЯ И СИОНИСТСКОГО ДВИЖЕНИЯ В РОССИЙСКОЙ ИМПЕРИИ: Э. БЕН-ЙЕХУДА, Й. Л. ГОРДОН, Й. Л. ПИНСКЕР, П. СМОЛЕНСКИН

....

Глава 1

Истоки национальных идей Хаскалы в Российской империи

1.1. Введение

В этой главе речь пойдет об истоках пробуждения национального самосознания в Восточной Европе. Будет рассмотрено понятие национальной идентичности и то, как начиная с середины XIX века его принято было трактовать в различных интеллектуальных и общественных кругах Восточной Европы. В этот период представление о национальном самосознании развивалось в разных государствах и областях Восточной Европы, благодаря чему начали возникать движения за национальное освобождение [Kozik 1986: 6–9].

1.2. Зарождение национальных движений в Восточной Европе и Российской империи

Начиная с середины XIX века у многих народов, в особенности у многочисленных этнических меньшинств, проживавших на территории Восточной Европы, начали формироваться представления о собственной уникальной национальной идентичности. На фоне теоретических обсуждений предпринимались попытки применить идеи политической и культурной автономии и на практике. Вопрос о национальной идентичности приобрел новое значение для основных интеллектуальных и социальных групп, что вывело это понятие на первый план в сравнении с другими ценностями, такими как религия и связанные с ней институты, монархия, традиции и искусство, каковые раньше в этих обществах располагались на самом верху иерархии ценностей. Эти ценности перестали считаться абсолютными и первичными критериями оценки духовной и общественной жизни, были пересмотрены и переосмыслены с националистической точки зрения. Хотя воплощение этих настроений в жизнь в рамках четко сформулированной теории национальной идентичности в разных этнических группах осуществлялось по-разному, само по себе это явление с его принципами наблюдалось у большинства групп. Речь пойдет о националистических тенденциях в России в последней четверти XIX и первой четверти XX века, каковые стали фоном для развития аналогичных тенденций в еврейском обществе и еврейской культуре.

Пробуждение интереса к уникальной русской национальной идентичности нашло яркое воплощение в русской журналистике XIX века. Первые ростки идей, связанных с русской национальной идентичностью, появились еще до периода романтизма, однако их развитие стало заметно лишь позднее, в эпоху романтизма в Европе (в конце XVIII века и позже). Эти идеи нашли отражение как в литературе, так и в других сферах общественной мысли и философии. Романтики заложили основы изучения культур отдельных народов и тем самым проложили путь к формированию общепринятых представлений о национальной идентичности. Кроме того, время от времени они заявляли о собственной национальной уникальности и пропагандировали идею национального освобождения. Зарождение европейских движений за национальное освобождение было тесно связано с распространением идей романтизма.

Развитие идей, заложенных в период романтизма, получило новый толчок в рамках национальных движений в России и Восточной Европе. Стремление подчеркивать уникальность культур разных народов и этносов и тем самым утверждать уникальность и самостоятельность различных этнических групп естественным образом привело к становлению нового восприятия национальной и этнической истории и фольклора как ценных источников национальной культуры [Litvak 2012].

В рамках такого подхода судьбы и действия каждой нации наделяются особой самобытностью [Kozik 1986: 3–6]. Составляющие культуры: философия, словесность, журналистика — были признаны добавочными источниками изучения «духа народа». Появилось представление о том, что прогресс и достижения любого народа в различных областях тесно связаны с осознанием им собственной уникальной национальной идентичности.

Существует два аспекта изучения национальной идентичности: социально-классовый и исторический. В рамках первого низшие классы воспринимались как хранители национальной самобытности. В историческом разрезе прошлое трактовалось как период расцвета уникального национального духа и его воплощение [Там же: 9, 30].

Интерес к национальной идентичности в широких слоях российского населения зародился после нашествия и поражения Наполеона в 1812 году. Именно после Наполеоновских войн в русской литературе возник отчетливый интерес к идеологическому процессу поиска истоков русской национальной идентичности [Kann, Zdenek 1984: 201, 213–214, 250, 364].

1.3. Национальные идеи после Наполеоновских войн в Европе и России

После Наполеоновских войн российская интеллигенция оказалась под сильным влиянием немецкой идеалистической философии, которой суждено было оставить свой след во всех слоях российского общества. Г. Гегель и Ф. Шеллинг были в глазах российских интеллигентов важнейшими мыслителями, «властителями дум». Их взгляды сильно разнились, они оказали влияние на два разных направления мысли в кругах российской интеллигенции. Впоследствии Шеллинг дистанцировался от рационалистического подхода, предпочтя ему «божественное откровение», то есть философско-мистическое осмысление религии. В этой связи он резко критиковал идеи Гегеля за их избыточный рационализм, обвинял его в легитимизации рационалистического подхода [Песков 1994a: 89–100].

Мировоззрение этих двух мыслителей легло в основу двух главных направлений русской мысли: западничества и славянофильства. В глазах западников Гегель был символом истины и прогресса [Анненков 1983: 76–77], тогда как другие представители русской интеллигенции обратились к Шеллингу, под влиянием которого сформировалось славянофильство. Более того, они усмотрели в его учении подкрепление правоты своих идей о необходимости идеологического разрыва с Европой. В частности, из размышлений Шеллинга они вывели представление о том, что у каждого народа есть миссия и судьба, предопределенные божественной волей, и что только это является причиной и смыслом его существования [Гулыга 1982: 298–300].

Основываясь на немецкой модели, молодые русские интеллектуалы стремились сформировать собственную философию и свое мистическое учение. Они видели себя будущими преобразователями русской культуры и творцами русской мысли [Песков 1994a: 92]. Их задача состояла в том, чтобы разработать принципиально новую систему общих ценностей, которые все будут готовы признать абсолютными, непреходящими, нерушимыми и долговечными. Таковые следовало дополнить тем, что эти интеллектуалы считали традиционными ценностями русской национальной идентичности, тогда будет изменен существующий миропорядок, не укорененный в глубинах русского национального самосознания.

Споры о природе русского народа с акцентом на его уникальные свойства были частью тогдашнего интенсивного процесса нарастания интереса к вопросу национальной идентичности, что в большой степени следует приписать интеллектуальному влиянию западных философских идей, проникших в Россию из Европы. Иными словами, процесс поиска национальных корней в России стал частью общего процесса, который шел во всей Восточной Европе и со временем привел к возникновению и укреплению национально-освободительных движений [Бердяев 1912: 7–10].

1.4. Любомудры

Вышеописанный процесс, в отличие от его западных аналогов, выделялся крайним индивидуализмом в трактовке русской национальной идентичности. В России этот процесс начался с возникновения кружка, известного как Общество любомудрия (любомудры), во главе которого стоял князь В. Ф. Одоевский. Члены этого кружка стали предтечами как западников, так и славянофилов. Начиная с 1820-х годов в обществе обсуждались вопросы, связанные с уникальностью России, смыслом ее существования, задачами русского народа в свете всемирной исторической ситуации. Эти идеи зародились ранее в кругах молодых русских писателей и интеллектуалов, находившихся под влиянием романтизма.

Кружок ставил перед собой патриотическую задачу — принести России практическую пользу. Д. В. Веневитинов[1], один из руководителей Общества любомудрия, определял предназначение каждого гражданина России как желание «действовать во благо России неутомимо». Любомудры называли такой подход путем самопознания, который считали уникальным для каждого народа. В этом прослеживается мышление Шеллинга, влияние которого на кружок было сильным. Путь самопознания представлялся им целью всего человечества, одним из способов распространения идей Просвещения [Веневитинов 1980: 232–234].

Уже в самом начале своего пути любомудры приняли за данность, что процесс самопознания в России отличается от такового в других странах. Основные идеи русского Просвещения и философии в период до возникновения Общества любомудрия заимствовались у других европейских народов. Сильный толчок их развитию дали проевропейские реформы Петра I[2]. Любомуд-

---

[1] Дмитрий Владимирович Веневитинов (1805–1827) — русский поэт-романтик, скончавшийся в возрасте 21 года. Веневитинов, как и его друзья, был одним из тех молодых идеалистов, которые принесли в Россию культ Гете и метафизику Шеллинга; см. [Веневитинов 1980: 129].

[2] Петр I (Великий, 1672–1725, годы правления: 1682–1725) — один из самых крупных российских лидеров за всю историю существования государства.

ры считали, что процесс самопознания русского народа искажен внешним влиянием, поскольку, вместо того чтобы изучать собственную культуру, русские повернулись к ней спиной и стали копировать европейский образ жизни. Любомудры считали, что необходимо изменить курс развития русского Просвещения и вернуться к исконно русским корням, чтобы «характер народа развился бы собственной своей силою и принял бы направление самобытное, ему свойственное» [Там же: 129].

1.5. Движение славянофилов, русская душа, А. С. Хомяков

Доктрина любомудров стала, по сути, первой свободной от подражаний русской идеологией, которую и взяло за основу движение славянофилов [Бердяев 1912: 2–6]. Хотя в рамках славянофильства объединились самые разные и достаточно разнородные тенденции, общим для него было представление об уникальном пути России. Такое мнение высказывалось во множестве публикаций из области философии и религии, которые создавались в противовес немецкой философии, каковая считалась чуждой по образу мысли, хотя на самом деле многие свои идеи славянофилы заимствовали как раз из нее. Это отчетливо видно в работах таких русских мыслителей, признанных лидеров движения славянофилов, как братья Аксаковы[3], И. В. Киреевский[4], Ю. Ф. Самарин[5], А. С. Хомяков и С. П. Шевырев[6].

---

[3] Иван Сергеевич Аксаков (1823–1886) — русский писатель, один из основателей движения славянофилов; Константин Сергеевич Аксаков (1817–1860) — русский публицист, поэт, литературный критик, идеолог славянофильства.

[4] Иван Васильевич Киреевский (1806–1856) — русский философ и литературный критик. Совместно с Хомяковым основал движение славянофилов.

[5] Юрий Федорович Самарин (1819–1876) — один из ведущих мыслителей-славянофилов, активный сторонник реформы 1861 года по отмене крепостного права. С ранней молодости был близким другом другого славянофила, К. С. Аксакова. Самарин горячо восхищался Гегелем и Хомяковым; см.: [Цимбарева 1996: 3–22].

[6] Степан Петрович Шевырев (1806–1864) — русский литературный критик, литературовед и поэт, член Санкт-Петербургской академии наук (1847), член Общества любомудров.

Главы этого движения в числе первых последовательно и системно сформулировали идеи, широко бытовавшие в то время в обществе. Их мировоззрение послужило идеологической основой для мыслителей следующих поколений, его влияние ощущалось на протяжении всего XIX века [Там же: 7].

К началу 1840-х годов славянофильские тенденции оформились в идеологически цельное движение, причем происходило это на фоне полемики с представителями других идеологий, прежде всего с западниками [Герцен 1947: 272–275].

Как уже отмечалось выше, Хомяков считался одной из ключевых фигур российского общества. В 1840-е годы он был глашатаем общественной, литературной и религиозной мысли. Бердяев пишет о нем:

> ...то был самый сильный, многосторонний, активный, диалектически наиболее вооруженный человек школы. У Хомякова можно найти и славянофильское богословие, и славянофильскую философию, и историю, и филологию, и публицистику [Бердяев 1912: 24–25].

Теория Хомякова включает в себя основные положения, определяющие, по его мнению, русскую национальную идентичность с ее уникальными характеристиками. Хомяков переосмыслил понятие русской национальной идентичности, заложив основы представления о русской душе[7]. Он писал:

> Поняли ли мы или хоть догадались, что такое народ — единственный и постоянный деятель истории? Догадались ли мы, что каждый народ представляет такое же живое лицо,

---

[7] Понятие «русская душа» используется в литературе и философии для описания русской духовности. Термин и понятие возникли в 1840-е годы с распространением в России литературы немецкого романтизма, опять же под влиянием Гегеля и Шеллинга. Гегель сформулировал концепцию коллективной национальной души. Шеллинг ввел понятие «мировая душа», имея в виду под этим потенциальную творческую связь между человеческим и божественным. На идеях Гегеля и Шеллинга строились идеологии славянофилов и западников: те и другие проповедовали неприкрытый новый национализм. Славянофилы опирались на понятие «национальный дух» Гегеля и на его основе сформулировали понятие «русский дух», воплощенный в крестьянстве. Их представления о русской душе выражали стремление отыскать причины величия России в допетровском прошлом.

как и каждый человек, и что внутренняя жизнь его есть не что иное, как развитие какого-нибудь нравственного или умственного начала, которое определяет судьбу государств, возвышая и укрепляя их присущей в ней истиною или убивая присущей в ней ложью? [Левандовский 1990: 167]

Хомяков считал, что у каждого народа есть свое лицо и собственная судьба, и своей главной задачей видел выявление уникальности русского народа. Согласно его подходу, любой народ должен определить для себя свою конечную цель и прикладывать необходимые усилия к ее достижению. По мнению Хомякова, цель русского народа была религиозно-этического характера. Путь к подлинному постижению своей цели русский народ сможет проложить в том случае, если, пользуясь выражением самого Хомякова, с его помощью осуществится «этическая революция», но этому должно предшествовать нравственное очищение, включающее в себя покаяние в грехах и упорное самообразование [Хомяков 1955: 320; Федотов 1991].

Хомяков являлся значимой фигурой в социокультурных кругах своего времени. Его влияние на русскую интеллигенцию оставалось достаточно сильным и позднее. Он призывал просвещенных русских интеллигентов активно участвовать в жизни низших классов, способствовать их образованию. Следует отметить и его влияние на тех, кто не соглашался с его идеологией и вынужден был ему оппонировать, например на А. И. Герцена[8], идеологического соперника Хомякова, который, однако, восхищался его миропониманием и личными талантами. Хомяков с самого начала определял суть движения славянофилов и в значительной степени заложил курс его развития. В своем программном манифесте славянофилы призывали к бунту против западной культуры и одновременно высказывали благоговение перед подлинной русской культурой [Герцен 1947: 271].

Славянофилы утверждали, что их древние, исконно русские корни следует искать в доктрине православия, каковое они

---

8   Александр Иванович Герцен (1812–1870) — русский писатель и мыслитель, известный как «отец русского социализма». Герцен был одним из ведущих представителей идеологии западников.

считали символом русского духа, воплощенного в русском народе. Русский народ являлся для них оплотом единства всех составных частей христианства, будущим духовным лидером человечества, конечной целью которого является создание всемирного братства народов на земле. Они верили, что благодаря эзотерическому духовному единению монархии и исконного русского народа (иными словами, простых людей) Россия является уникально единым миром, кардинально отличающимся от Запада.

1.6. Славянофилы, Петр I и православная церковь

К середине XIX века полемика об уникальности русского народа охватила все сферы общественной мысли. Диспуты велись в самых разных направлениях, но основной оставалась тема «Противопоставление России западной культуре». Оформились два существенных направления: сторонники одного (славянофилы) провозглашали превосходство России над Западом, сторонники другого (западники) считали Россию слабее Запада.

В поисках истоков уникальности России в сравнении с Европой славянофилы обращались к допетровским временам: по их мнению, до петровских нововведений еще существовал подлинный, исконный старорусский уклад. Кроме того, славянофилы апеллировали к традициям простого русского народа, который — по их представлениям — сохранил быт и обычаи древности. У них сложилась своего рода гипотетически утопическая идеалистическая картина допетровской России: они изображали прошлое допетровской эпохи как религиозно-мистический период, исполненный святости, время, когда связи между русским народом и его Богом оставались неопосредованными и незамутненными. Согласно их идеологии (у которой не было ни малейших шансов осуществиться на практике), российский народ рано или поздно снова укроется под крылом Православия и вернется к чистым национальным истокам. Эти утопические представления во многом основывались на мессианской доктрине, которая была широко распространена в XV и XVI веках. Согласно этой доктрине, у православной Руси была своя особая миссия стать новым центром духовности и источником культурно-этического вдохновения, что в конечном итоге превратит Москву в Третий Рим[9].

В этом контексте нельзя не упомянуть о роли литературной критики в журналистской полемике. Литературные критики играли особую роль в российском обществе. В отсутствие традиционной журналистской полемики (это было связано со всевозможными ограничениями, например с жесткой цензурой) литературно-критические статьи, равно как и те, в которых шла речь о религии, об этике, о философии и об эстетике, служили своего рода заменой журналистики. В этих публикациях рассматривались идеи, касающиеся образования, национализма, гражданского общества, велись дискуссии относительно будущего развития России.

Начиная с 1840-х годов идеи, затрагивающие сущность русского народа, развивались в рамках полемики между славянофилами и сторонниками западнического подхода, такими как В. Г. Белинский[10], А. И. Герцен[11], Т. Н. Грановский[12], И. В. Киреевский[13] и И. С. Тургенев[14].

[9] Идея, что православная церковь ведет Москву к тому, чтобы она стала Третьим Римом, — богословское, историософское и политическое представление, согласно которому Москва является наследницей Римской и Византийской империй как мировой центр христианской веры; см. об этом [Ostrowski 2006: 170–179; Кравченко 2014].

[10] Виссарион Григорьевич Белинский (1811–1848) — русский литературный критик, близкий к западникам.

[11] Мнение Герцена касательно споров между западниками и славянофилами см. в [Герцен 1947: 284–285].

[12] Тимофей Николаевич Грановский (1813–1855) — основатель медиевистики в Российской империи; глубокое влияние на него оказали идеи Гегеля. Считал, что история Запада превосходит историю его родной страны. В силу своих представлений сблизился с другими западниками. К славянофилам относился критически и даже язвительно.

[13] О представлениях Киреевского касательно желательного пути развития русского народа см. [Киреевский 1979: 333–334].

[14] Иван Сергеевич Тургенев (1818–1883) — русский писатель и драматург. В 1838–1841 годах изучал философию, в основном теорию Гегеля, в Берлинском университете. Тургеневу нравилось устройство немецкого общества, и на родину он вернулся с убеждением, что для улучшения жизни в России здесь должны проникнуться идеями немецкого Просвещения.

1.7. Интеллектуальный круг А. А. Григорьева и А. Н. Островского

Пятидесятые годы XIX века, особенно после поражения России в Крымской войне[15], обнажившего недееспособность российского правительства, ознаменовались всплеском недоверия к власти, общей атмосферой разочарования и беспокойства. Годы после поражения стали называть темными. В этот период, в качестве противовеса общему настроению, в Москве возник кружок, который возглавили Григорьев[16] и Островский[17], сторонники идеалистического, патриотического и националистического подхода. Члены кружка и сочувствующие проявляли большой интерес к изучению русского искусства и русской культуры, идее русской земли и духу народа, который пульсировал в сердце каждого его участника. Здесь культивировали веру в идеальную целостность простого русского народа и его дух, звучали призывы к освобождению русской души. Члены кружка распространяли свои убеждения среди широкой публики, у них даже появился собственный символ русской души, ими же придуманный и воплощенный [Носов 1990: 80].

Григорьев считал, что в произведениях русских поэтов и писателей нашел свое воплощение русский национальный характер: в его глазах Гоголь был символом идеала православия, Островский — народных корней, Пушкин — национальной гармонии [Григорьев 1986: 76–78]. У него не было возможности сполна ознакомиться с произведениями Л. Н. Толстого и Ф. М. Достоевского (скончался в 1864 году), так что он не мог оценить их значимость.

---

[15] В Крымской войне (1853–1856) Россия проиграла союзным силам Великобритании, Османской империи, Сардинии и Франции.

[16] Аполлон Александрович Григорьев (1822–1864) — русский поэт, литературный и театральный критик, переводчик, мемуарист.

[17] Александр Николаевич Островский (1823–1886) — русский драматург, которого принято считать величайшим представителем реалистического направления в русской драматургии. Поначалу Островский был западником, но постепенно перешел в лагерь славянофилов.

1.8. Почвенничество

В начале 1860-х годов большой популярностью пользовались журналы «Время» и «Эпоха», издателями которых были М. М. Достоевский и его брат, писатель Ф. М. Достоевский. На базе этих журналов сформировалось общественное движение, впоследствии получившее название «почвенничество». Манифест движения, в котором явно ощущается личное влияние Ф. М. Достоевского, провозглашал, что русская интеллигенция обязана сближаться с простым народом, крестьянством, то есть теми, кто обрабатывает почву, «хранителями искры» подлинной и исконной уникальности русских [Достоевский 1980: 54].

На практике почвенничество выражало некоторые идеи славянофильства, хотя и в ином ключе. У этого движения не было четко сформулированной программы — была лишь общая концепция, которую разделяли как славянофилы, так и сторонники западничества. Иными словами, новое движение, в принципе, не возражало против западнических тенденций, несмотря на свои разногласия с ними, а выступало за своего рода синтез, которого, по мнению его представителей, можно было достичь через тесное взаимодействие представителей разных общественных кругов: интеллигенции и простого народа. По мнению почвенников, только сочетание ценностей культуры, доступных интеллигенции, и этических ценностей, присущих простым русским людям, могло обеспечить подлинный прогресс России.

Почвеннические идеи Достоевского нашли отражение в ряде статей, посвященных русской литературе, которые были опубликованы во «Времени» в 1861 году. В первых работах из этой серии Достоевский высказывает мнения, близкие к тем, которые высказывал Хомяков в своих статьях «Мнение иностранцев о России» (1845) и «Мнение русских об иностранцах» (1846; подробнее речь об обеих статьях пойдет ниже). В своих статьях Достоевский с ноткой горечи и пафоса утверждает, что русский народ представляет собой уникальное явление. По его мнению, в мире нет другого подобного народа, именно поэтому другие народы не способны до конца понять русские идеи и русскую душу. Достоевского тревожит, что русский народ может перестать поддерживать свои уникальные национальные свойства, об этом он пишет много и часто.

Достоевский был близок к Хомякову и разделял многие его представления; он, как и Хомяков, сурово критиковал эмигрантов, живших за пределами России, которые способствовали созданию широко распространившихся искаженных понятий о русском народе [Там же: 120].

В 1860–1880-е годы в российском обществе не утихали дискуссии о сущности русского народа, в которых отражались как всевозможные общественные тенденции в России и Восточной Европе в целом, так и общая атмосфера. Герцен обращается к этой теме в своей статье «Русские немцы и немецкие русские» (1859)[18], М. Е. Салтыков-Щедрин пишет о том же в своей постоянной рубрике «Наша общественная жизнь» в журнале «Современник» [Салтыков-Щедрин 1965–1977: 255].

В 1860-е годы и после дискуссии приняли новое направление, став частью все набиравших обороты движений за национальное освобождение, которые стремительно зарождались и развивались по всей Восточной Европе (подробнее см. ниже).

1.9. Националистические движения поляков и национальных меньшинств

В 1863–1864 годах в Польше разразилось масштабное восстание против тиранического российского правления. По его итогам в российской журналистике возникли пылкие дебаты, получившие название «польский вопрос». Они вращались вокруг обсуждения сущности польского народа. Участники этой полемики поддерживали право русских править польской территорией, подчеркивая необходимость такого правления. Н. Н. Страхов[19]

---

[18] Статья была перепечатана в виде брошюры [Герцен 2012].

[19] Николай Николаевич Страхов (1828–1896) — русский философ, публицист, литературный критик. Внес значительный вклад в развитие традиционалистской славянофильской идеологии, а также ее националистической разновидности — почвенничества.

отстаивал теорию превосходства русской национальной идеи над европейской. В духе славянофильства он писал об исконной русской православной культуре, которая в его глазах оставалась жизнеспособной, сильной, более возвышенной и утонченной, чем заносчивая, отжившая свой век католическая цивилизация, признавая при этом, что и у католической цивилизации есть собственная уникальная сущность [Егоров 1991: 303–318].

Русский писатель И. С. Аксаков, напротив, защищал польских повстанцев. Он разделял широко распространенные среди русских мыслителей представления о том, что первичным источником постоянных конфликтов между славянскими народами является религия, то есть противоречия между русским православием и польским католичеством. Хотя он и не оправдывал идеи восстания, Аксаков выступал за духовную и политическую автономию Польши (цит. по: [Там же: 164]).

Долгие годы среди русских бытовало мистически-религиозное понимание своего национального характера — с акцентом на внутренние русские аспекты. После Польского восстания наметились перемены. Теперь этот вопрос в основном обсуждался в связи с проблемой, связанной с национальными устремлениями славянских народов, окружающих Россию (особенно с проблемами национальных меньшинств в Восточной Европе).

Как уже говорилось, обсуждением сущности национализма различных народов, равно как и его практических проявлений, то есть действий, направленных на достижение национального освобождения, в это время увлекались представители разных народов, не только поляки. Народы и национальные меньшинства Восточной Европы начали поиск национальной идентичности в ее разных формах и проявлениях еще в конце XVIII века, особенно интенсивно шел этот процесс в XIX веке. Вот несколько ярких примеров подобных национальных движений, в рамках которых теоретические рассуждения о сущности нации сочетались с практической деятельностью, направленной на достижение национального освобождения: движение галицийских украинцев, которыми правили австрийцы [Kozik 1986: 15–16, 29–30, 51; Himka 1988: 26]; движение венгерского национального меньшинства, находившегося под польским правлением [Kozlowski 1984: 578–590]; чешский сектор [Kann, Zdenek, 1984: 201–202] и другие меньшинства на территории Габсбургской империи, например словенцы [Там же: 214–215], мадьяры [Там же: 228–235] и хорваты [Там же: 265–267]; румынское движение в Трансильвании [Hitchins 1985: 141, 172]; болгарское национальное движение [Meiniger 1974: 61–119, 142]; движения немецкоязычных меньшинств в Восточной и Центральной Восточной Европе [Dralle 1991: 177, 192, 369; Rosenstock-Huessy 1951: 407]; проявления национального самосознания у тамошнего венгерского меньшинства [Biro 1992: 81, 309, 443, 619].

1.10. Заключение

Выше приведен обзор различных подходов, движений, организаций и националистических объединений, получивших широкое распространение на территории Восточной Европы со второй половины XIX по начало XX века. В Восточной Европе был силен дух национализма. Особенно отчетливо это ощущалось в среде многочисленных национальных меньшинств. Это с особой силой проявилось в Российской империи, где националистической атмосферой были пропитаны публичные обсуждения в частных домах и правительственных кабинетах, среди студентов университетов, интеллигентов и представителей элит, офицерства; пресса. Дух националистических исканий в Российской империи был силен и в еврейских кругах, особенно среди тех евреев, которые владели русским языком, читали русскоязычную периодику, участвовали в общественной и культурной жизни России, таких как Гордон, Пинскер и Смоленскин.

Глава 2

Развитие еврейского национального самосознания и отражение этого процесса в научной литературе

2.1. Европейские националистические тенденции как фон еврейского национального пробуждения: Бен-Йехуда, Пинскер, Смоленскин

Развитие еврейского национального самосознания в еврейской литературе (по преимуществу — в ранней литературе Хаскалы) началось тогда, когда идея национального духа уже широко распространилась в русской журналистике. Литература Хаскалы с самого начала пыталась сблизиться с культурой, языком, экономической деятельностью тех народов, среди которых жили евреи, однако при этом деятели еврейского Просвещения (представители движения Хаскалы, известные как маскилы) остро ощущали религиозно-национальные отличия евреев от их соседей.

Языковой барьер, разделявший евреев и русских, препятствовал проникновению в еврейский мир идей, которые уже получили значительное распространение в русской журналистике, литературе и русском обществе, тем не менее во второй половине XIX века начала складываться определенная близость между евреями и неевреями, которую в основном продвигали маскилы. Эта близость подкреплялась параллелями между теми процессами, которые уже шли в русском обществе, и теми, которые только начинали происходить (говоря точнее, которые пытались запустить маскилы) среди евреев.

Тенденции, характерные для разных народов Европы в 1860-е и 1870-е годы, теперь служили примером и доказательством легитимности еврейского национального партикуляризма, который в первую очередь оставил свой след в сфере культивирования иврита и мечты о политической независимости в будущем. Именно в этом духе развивал свою теорию Смоленскин. Он вычленял как параллели, так и противоречия в путях развития национального самосознания, отмечал наличие аналогий между национальными чаяниями еврейского народа и пробуждением европейских наций и меньшинств, в особенности наций, находившихся в составе Австро-Венгерской империи. По мнению Смоленскина, исторический опыт европейских народов, сложившийся в течение борьбы за политическую и культурную независимость, мог послужить образцом и примером для развития национального самосознания у европейских евреев. Смоленскин отмечал, что в XIX веке достижение малыми народами Европы политической независимости казалось неосуществимым, однако стало возможным благодаря их упорству.

На страницах ежемесячного журнала «Хашахар» («Рассвет»), который издавал Смоленскин, в 1879 году была опубликована короткая, но влиятельная статья Бен-Йехуды «Значимый вопрос»[1]. Свое главное начинание Бен-Йехуда осуществил много лет спустя, однако на момент написания статьи он уже успел ознакомиться с основными трудами Смоленскина, которые были опубликованы в «Хашахаре». Кроме того, Бен-Йехуда принял (как в теории, так и на практике) аналогичный подход Смоленскина, которым пользовался при обсуждении сути националистических тенденций, возникших в среде европейских народов.

Особенность мировоззрения Бен-Йехуды состоит в том, что он подчеркивал легитимность существования разных языков у различных народов как части естественного миропорядка.

---

[1] Элиэзер Бен-Йехуда (1858–1922) был главным вдохновителем возрождения иврита в современную эпоху.

Кроме того, он призывал к возвращению к ивриту, его возрождению и использованию в современности. В качестве логичного итога возрождения иврита он призывал евреев (по обычаям тех народов, которые живут на своей земле) вернуться в Землю Израиля и уже там реализовать свою мечту говорить, как и другие народы, на собственном языке.

В 1882 году, примерно через пять лет после этой публикации и после того, как Смоленскин предложил свои объяснения текущего положения евреев, а также в канун образования Ховевей Цион, было предложено новое видение национального возрождения. Речь идет о работе Пинскера под названием «Автоэмансипация», написанной на немецком языке. Автор объясняет, что у еврейского народа отсутствуют некоторые свойства состоявшейся нации, что и является причиной антисемитизма.

Итак, развитие еврейского национального самосознания началось позднее, чем у других народов Европы, и этим подтверждается, что Хаскала находилась под влиянием европейских и (в значительной степени) русских националистических идей.

В рамках нашего исследования важно отметить, что начало еврейского национального возрождения произошло (в определенной степени) как следствие развития русского национализма и национализма меньшинств Восточной Европы. Однако природа и сущность еврейского национализма отличались от параллельных процессов, протекавших у других народов [Horowitz 2009; Horowitz 2013; Mondry 2009; Murav, Avrutin 2011].

2.2. Евреи глазами славянофилов

И. Л. Клаузнер, автор истории литературы Хаскалы, коротко упоминает об идеологическом расколе как в русской литературе, так и среди русских писателей и мыслителей (между западниками под эгидой Хомякова и славянофилами под эгидой Аксакова), а также о рассуждениях последнего на тему о «великой России» [Klausner 1960, 4: 120]. Клаузнер отмечает, что «даже русские славянофилы, которые на первый взгляд были далеки от иудаизма, проникли в литературу на иврите, их влияние можно увидеть

в консервативных произведениях — одновременно националистических и религиозных — Цвейфеля[2] и Пинеса[3]». Клаузнер
несколько раз упоминает о парадоксальной и бессознательной
связи между основными представителями движения славянофилов и литературой Хаскалы 1860-х годов, периода националистического поворота или трансформации в среде российского еврейства.

Однако замечания Клаузнера, опубликованные шестьдесят
с лишним лет назад, требуют более обоснованного и фундамен-
тального разъяснения. На деле между взглядами славянофилов,
по сути своей консервативными и регрессивными, и позицией
евреев, прогрессивной, поддерживающей развитие и модерниза-
цию, существовали фундаментальные различия и даже противоречия. Такого мнения придерживается крупнейший специалист
по истории российского еврейства Ш. Эттингер, который в своей статье «Идеологическая основа новой антисемитской литературы в России» [Там же] рисует картину активно враждебного
отношения к евреям.

Эттингер подробно исследует труды основных писателей-
славянофилов, таких как Хомяков. Он описывает взгляды Хомякова, отраженные в его «Исторических записках» 1847 года, где
Хомяков утверждает: «Иудей... после Христа есть живая бессмыс-
лица, не имеющая разумного существования и потому никакого
значения в историческом мире». Далее он так же описывает евреев и их характерные черты, называя их людьми без отечества,
преемниками торгашеского духа Древней Палестины, воплоще-
ниями корыстолюбия, даже в древнейшие времена не признав-
шими Мессию в его бедности и смирении (цит. по: [Там же: 194]).

---

2 Элиэзер Цвейфель Цви ха-Кохен (1815–1888) был плодовитым писателем,
творившим на иврите и идише, сторонником хасидизма.

3 Иехиэль Михаэль Пинес (Михл, 1843–1913) — писатель, ранний представитель религиозного сионизма. Пинес считал, что еврейскую жизнь необходимо реформировать, однако являлся противником религиозных реформ,
способных подорвать основы традиции и способствовать ассимиляции.
Пинес был прежде всего мыслителем, писателем, творцом иврита; см. о нем
[Klausner 1960, 6: 513].

Аксаков, последователь Хомякова, один из основных глашатаев идей славянофильства, продолжает в том же враждебном тоне, утверждая: «Верующий еврей продолжает в своем сознании распинать Христа» [Там же: 224]. Кроме того, в статье в газете «День» за 1864 год Аксаков отрицательно высказывается по вопросу наделения евреев гражданскими правами. Эттингер так суммирует взгляды Аксакова: «Его обуревает недоверие к еврею, в особенности к еврею просвещенному» [Там же: 215–216].

Кроме того, Эттингер цитирует дневниковую запись Аксакова от июня 1881 года, где тот с симпатией отзывается о развитии антисемитского движения в Германии, объявляя, что это примета времени, свидетельствующая о пробуждении общественного самосознания. Кроме того, Аксаков с надеждой заявлял: «Западноевропейскому христианскому миру предстоит в будущем, в той или другой форме, борьба не на жизнь, а на смерть с иудаизмом, стремящимся заменить миродержавную христианскую идею той же семитической идеей» [Там же].

В своей книге «История еврейского народа: новейшее время» Эттингер рассматривает историю евреев в России и говорит об ухудшении отношения к евреям в нескольких группах российского населения. Он отмечает, какую роль в этом сыграла пропаганда, исходившая от славянофильских кругов, указывает на все более враждебное отношение к евреям в России в 1870-е годы: «Основной причиной стало распространение среди русских масс идей славянофильства — идеалов, подчеркивавших уникальность России, которая духовно якобы противопоставлена Западу; евреев же обвиняли в распространении деструктивных идей и эксплуатации основного населения» [Ettinger 1969: 107–108]. Эттингер в общих чертах обрисовывает позицию российских маскилов в противостоянии между западниками и славянофилами, подчеркивая, что начиная с 1860-х годов евреи все сильнее поддерживали европеизацию всех областей жизни [Ettinger 1966].

Среди причин сдержанного и даже враждебного отношения славянофилов к еврейской проблеме в России Эттингер отмечает восприятие евреев в России как чужаков и страхи славянофилов перед тем, что евреи распространяют в стране чуждую

культуру [Ettinger 1994: 317, 384]. Эттингер пишет, что славянофилы, в особенности Аксаков, «воспринимали евреев как вра-
ждебную и опасную силу. По их мнению, евреи представляли
собой деструктивный эксплуататорский антихристианский
элемент, являлись носителями ценностей, чуждых духу славянских народов и православия. Сплоченная масса, которая стре-
мится доминировать над другими». По мнению славянофилов,
евреи оказывали деструктивное воздействие на народы, среди
которых проживали [Там же: 425].

Вывод Эттингера состоит в том, что отношение славянофилов
к евреям было по сути своей антисемитским [Там же: 438].

2.3. Неприязненные отношения между русскими и евреями и погромы 1880-х годов

После погромов 1880-х годов в еврейском общественном мне-
нии произошли изменения, итогом стало возникновение в кругах
еврейской интеллигенции националистической идеологии: евреи
начали ощущать отторжение от враждебной нееврейской среды,
и оно было взаимным. В русском обществе значимое место занял
вопрос о том, что принято было называть эксплуатацией свреями
русского населения в экономической сфере. Таких взглядов придерживались не только сторонники славянофильства, но и представители многих либеральных прозападных групп.

В своей фундаментальной монографии, посвященной деятельности Гордона [Stanislawski 1988], М. Станиславский, один из
самых крупных специалистов по истории евреев Восточной Европы, показывает нам Гордона в этот период как человека, пы-
тавшегося обновить идеалы движения Просвещения, которые
он поддерживал с первых дней своей деятельности, и добавить
к ним национализм. Особенно отчетливо эта тенденция прослеживается в последние десять лет карьеры Гордона, хотя он и делает некоторые исключения для деятельности партии Ховевей
Цион (раннего протосионистского движения в России).

Наряду с подходами Гордона к национализму (который был
одной из самых горячих тем в российском общественном дис-

курсе этого периода) важны и взгляды Смоленскина на этот вопрос. В своих публицистических трудах Смоленскин предлагает вариант национализма, который зиждется на признании национального прошлого и исторического самосознания еврейского народа. В свете географического рассеяния еврейских общин в изгнании он считает необходимым делать акцент на особой значимости национального самосознания, поскольку оно может служить заменой территориальной и политической целостности, которой были лишены евреи с момента рассеяния среди других народов [Smolenskin 1925a: 16–38, 55–68, 127–162]. Кроме того, Смоленскин проводит параллели между евреями и народами Европы, особенно национальными меньшинствами, проживающими на территории Австро-Венгерской и Российской империй, теми, кто тоже борется за независимость. Он отдельно останавливается на попытках поляков добиться национальной автономии, вылившихся в польские восстания, сперва в 1831-м, а в особенности в 1863 году; оба восстания были подавлены. Но Смоленскин радуется успехам малых народов в борьбе за независимость и отмечает, что эти восстания свидетельствуют о зарождении национальной идеи, так что этим повстанцам должны подражать и европейские общины Европы, особенно в связи с тем, что евреи, по его мнению, стоят выше других народов в плане своего культурного и исторического наследия [Smolenskin 1925b: 1–290, особенно 9 и далее].

Глава 3
Сравнение взглядов Гордона и русских мыслителей

3.1. Гордон как ведущий представитель Хаскалы и его взгляды на понятие «национальность»

В разговоре о возникновении еврейского национального самосознания нужно уделить особое внимание подходам Й. Л. Гордона, одного из ведущих маскилов. Ниже я буду сравнивать взгляды Гордона на национальную идентичность со взглядами Хомякова[1], главного представителя движения славянофилов[2]. В своей национальной доктрине Гордон прежде всего призывал к развитию у еврейских масс национального чувства, однако его отношение к национальному вопросу было сложным и неоднозначным [Barzel 2017: 40–65].

В этой главе я буду подробно рассматривать представления Гордона о еврейской национальной идентичности, которые параллельны тем, что присутствуют и у русских мыслителей. Между высказываниями о национальном возрождении своего народа русских мыслителей, таких как Аксаков, Самарин, Хомяков и (до определенной степени) П. Я. Чаадаев[3], и еврейских

---

[1]   Алексей Степанович Хомяков (1804–1860) — русский мыслитель, один из лидеров движения славянофилов.

[2]   О взглядах Хомякова см. [Кузнецов 2007: 511–513].

[3]   О сложных взаимоотношениях между философией Чаадаева и славянофилов см. [Гуревич-Лищинер 2006: 40–49, 213–220].

философов, таких как Гордон и Смоленскин, есть значительное сходство.

Гордон внес исключительный вклад (в плане весомости и значимости) в вопрос создания еврейской национальной доктрины, которую прежде всего сформулировал в своих статьях и очерках, написанных на иврите. Первые его публикации, посвященные уникальности еврейского народа, появились в середине 1860-х годов. В 1866-м, на самом раннем этапе своего литературного поприща, Гордон считал российских евреев, как и всех граждан страны, органической частью просвещенной Европы [Gordon 1959–1960, 1: 17]. В этот период он открыто поддерживал путь, предложенный западноевропейскими евреями, которым хватило мудрости интегрироваться в жизнь стран проживания, и ратовал за сближение с культурами соседних стран. Он считал европейскую культуру идеалом и призывал российских евреев последовать примеру западных собратьев.

Став в конце 1870-х годов главной фигурой российской Хаскалы, Гордон занял откровенно прозападную позицию. Ее яркое проявление можно найти в дебатах 1873 года в русскоязычной газете «Голос» между Гордоном и Киреевским, издателем газеты [Киреевский 1979: 288]. Гордон поддерживал процесс сближения евреев с русской культурой, хотя и продолжал выступать за сохранение еврейской идентичности и исторического наследия [Stanislawski 1988: 115–116]. Он выражал надежду на то, что благодаря естественному ходу вещей его слова принесут свои плоды и будут признаны истинными, прежде всего в либеральном лагере российских евреев, который в то время стремительно укреплялся, особенно на фоне удушающей атмосферы антисемитских погромов в России в начале 1880-х годов.

3.2. «Бутыль фельетонов» Гордона

В критических статьях Гордона, в особенности в цикле «Бутыль фельетонов» [Gordon 1959–1960, 2: 183–243, 349–351], который публиковался в 1880–1887 годах в газете «Гамелиц» («Защитник»), нашли четкое отражение его подходы к различным аспектам национальных проблем еврейского народа как в Западной Европе, так и в России[4]. Гордон разъясняет два аспекта своей позиции: с одной стороны, одобрительное отношение к националистическим лозунгам движения Ховевей Цион, которое он поддерживал, с другой — естественное отношение к общей европейской культуре. Сам он не усматривал в этом сочетании никаких противоречий.

В стихотворении «Я сплю, но сердце не спит» национальное самосознание Гордона выражено через его отношение к проявлениям антисемитизма в Германии, еще до российских погромов 1880-х годов [Там же: 246]. Он, однако, отмечает кардинальное различие между откровенной враждебностью католической церкви к евреям (особенно в Средние века) и куда более сдержанным подходом Русской православной церкви.

В нескольких опубликованных в «Гамелице» статьях Гордон упоминает об этом различии в контексте ожесточенных дебатов, которые он вел с глашатаями идей антисемитизма в Германии, России и во Франции: те, по его мнению, выдвигали против евреев ложные обвинения и неприязненно высказывались о них и об их культурном наследии. Гордон крайне обеспокоен проблемами культурного и духовного существования еврейского народа в настоящем и будущем; размышляет он и об угрозе физического уничтожения. В одном фельетоне 1881 года Гордон выражает тревогу по поводу ассимиляции евреев в Западной Европе [Там же: 198–199]. Опасения по поводу все большей ассимиляции адресованы не только евреям Западной Европы — тревожные признаки того же явления он видит и среди соотечественников. Озабоченность его имеет двойственный характер — по поводу как физического выживания российского еврейства в эпоху антисемитизма и преследований, так и его духовного существования [Там же: 259].

На свои противоречия с Ховевей Цион касательно России Гордон откликается в «Бутыли фельетонов» (1886) в литератур-

---

[4] Статьи из «Гамелица», которые будут цитироваться ниже, перепечатаны в собрании сочинений Гордона (см. библиографию). Ссылки на страницы даны по этому изданию.

ном, творческом ключе. Представители сионистского движения обвиняли его в дистанцировании от национальной идеи и планов переселения в Землю Израиля; Гордон же пытался доказать, что в его сердце пылают искренние, природные национальные чувства к еврейскому народу. В своем трогательном объяснении, которое заключено в «Бутыли фельетонов» в рамки художественного нарратива, Гордон ссылается на материалы русских журналов того времени, а в них шли споры о том, что такое русская национальная идентичность. В фельетонно-юмористической манере Гордон перечисляет основные различия между западниками и славянофилами, а также аргументы и взгляды каждого из этих течений внутри российского общества. Славянофилы призывали повернуться спиной к Западу и замкнуться в узком кругу одного лишь русского культурного наследия[5]. Про западников он пишет: «Одна группа разделяет мнения тех, кто повернулся лицом к Западу и поддерживает традицию реформ Петра I» [Там же: 216].

Позицию второй группы, представители которой являются, по его мнению, «страстными апологетами» (он воздерживается от того, чтобы называть их славянофилами), Гордон формулирует так: «Мы прежде всего русские, и все старинные обычаи, даже самые бытовые, для нас священны. Европейское Просвещение лишь вспышка, слепящая взор, а значит, давайте вернемся к Древней Руси, какой она была до правления Петра I» [Там же].

Нужно отметить, что Гордон высмеивает экстремистов этой группы, которые размениваются на мелочи и пытаются чем-то подкрепить свои национальные идеи (например, определенной системой питания). Говоря о еврейском националистическом лагере и представляющей его партии Ховевей Цион, Гордон упоминает об антисемитских настроениях в лагере славянофилов:

---

[5] Клаузнер подробно описывает разницу между взглядами Ховевей Цион и Гордона в 1880-е годы. Он однозначно утверждает: «Гордон, как тонко чувствующий поэт и дитя романтической эпохи... не мог не мечтать о возвращении в Сион. Когда эта идея начала пробуждаться... в форме серьезного движения еврейского народа, он не мог не вовлечься в этот процесс»; см. [Klausener 1960, 6: 405].

«Не они ли кричат: "Убирайся прочь, грязный [еврей]!" Не они ли насылают на нас всевозможные тяготы и страдания» [Там же].

В «Бутыли фельетонов» Гордон также поднимает вопрос о правильном сочетании идеалов Хаскалы и еврейского национализма. Он поясняет, что европейская культура и идеалы Хаскалы не противоречат друг другу [Там же: 222].

3.3. Еврейский национальный вопрос в понимании Гордона

Национальный вопрос был крайне значимым для многих людей в окружении Гордона, как русских, так и евреев. Это отразилось в его произведениях на иврите. В еврейской среде национальный вопрос обсуждался в двух плоскостях: в теоретической плоскости (например, между маскилами) и в более практическом ключе (в формулировке, предложенной Ховевей Цион). Судя по высказываниям Гордона, он занимал в вопросе о еврейской национальности умеренно сбалансированную позицию. Его националистическая доктрина гласит, что среди евреев необходимо культивировать национальные чувства и с большой осторожностью подходить к планированию практических шагов, таких как переселение в Землю Израиля.

Гордон предлагает несколько способов укрепления еврейских национальных чувств, важнейший из них — сохранение иврита и литературы на этом языке, их культивирование как национального достояния. Разумеется, любые другие составляющие национального достояния, которые могут способствовать возрождению еврейского национального чувства, также заслуживают того, чтобы их сохранять и развивать. Этот императив Гордон считает особенно важным, поскольку, по его мнению, национальные чувства в еврейской среде, в отличие от других наций, развиты крайне слабо. Слабость национальных чувств у евреев проистекает, с одной стороны, от жизни в изгнании, с другой — от давления и диктата раввинов-ортодоксов, которые стремятся вырвать из сердец евреев все чувства, кроме религиозного.

3.4. Параллели между национальными идеями Хаскалы и националистическими движениями в России

Ниже будет рассмотрен вопрос о том, существовала ли реальная связь между «националистической атмосферой» (в самых разных ее формах) в России и Восточной Европе (что описано выше), с одной стороны, и возникновением в тот же период — Хаскалы и Ховевей Цион — национальных ценностей в еврейском мире (речь прежде всего идет о радикальной фракции внутри Хаскалы во второй половине XIX века), с другой. Тот же вопрос можно сформулировать и по-иному: были ли идеи и представления Хаскалы частью общей «националистической атмосферы», которая в то время возникла в России и Восточной Европе?

С целью дальнейшего исследования этого вопроса я рассмотрю ниже взгляды Гордона, а также еще нескольких видных представителей Хаскалы, в особенности их отношение к теме еврейской национальной идентичности.

Отношения Гордона с русской литературой и прежде всего со всевозможными разновидностями русской журналистики XIX века пока исследованы недостаточно. Да, есть несколько работ, посвященных влиянию русской поэзии на творчество Гордона, в которых отслежены общие мотивы и жанры, но это лишь начало [Ben-Yeshurun 1955: 89–103]. Кроме того, отмечалось: Гордон (в духе определения, данного Белинским) считает, что перед национальным поэтом стоит двойная цель — создать эстетические ценности, которые послужат его народу [Shavit 1987: 118]. Однако, что касается мышления и национальных принципов, лежавших в основе писательской и журналистской деятельности Гордона, связь между его духовным миром и миром других мыслителей еще предстоит исследовать. Пока не было предпринято ни одной попытки сравнить мысли, отраженные в его произведениях, с теми, которые предлагали мыслители XIX века и русская журналистика.

Ниже я попытаюсь провести такое сравнение. Будут рассмотрены представления, лежащие в основе подхода Гордона к еврейской национальной идентичности, а именно отражение этих представлений в его художественных и публицистических произведениях, опубликованных в 1860-е годы и позже. Речь пойдет о представлениях, имеющих прямые параллели в русской мысли, где они возникли еще в 1850-е годы, особенно в рамках славянофильства и связанных с ним течений, и получили отражение в трудах Хомякова. Несмотря на существенные различия между духовным миром Гордона, с одной стороны, и воззрениями и диспутами славянофилов касательно судеб русского народа и его места среди европейских народов, с другой, существуют параллели и точки соприкосновения, где два этих мира встречаются.

Но первым делом нужно подчеркнуть сущностную противоположность мира Гордона, маскила-интеллектуала, который пытался привнести в еврейский мир ценности западноевропейской культуры, миру славянофилов, которые подчеркнуто дистанцировались от западной культуры и пытались замкнуться в круге русских ценностей. Тем не менее на фоне этой оппозиции идеологическое сходство выглядит даже более значимым. Сравнение идей Гордона и славянофилов отчетливо показывает наличие общего явления, а именно растущего интереса к национальному вопросу и попыток определить сущность понятия «национальность». В произведениях Гордона, в которых он затрагивает эти темы, присутствуют отсылки к высказываниям представителей разных фракций русской славянофильской мысли.

3.5. Уникальность русского и еврейского народов: параллельные концепты

Славянофилы, безусловно, были ориентированы внутрь себя, на русский народ, тогда как приверженцы Хаскалы настаивали на открытости евреев внешнему миру России и Европы. Однако, несмотря на эти различия, можно выделить общие точки в подходах двух этих групп к идее нации.

Первая точка, в которой представления Гордона и Хомякова сходятся, — это понимание нации как единицы, не зависящей от религии и отдельной от нее, несмотря на близость к религиозному укладу (еврейскому — в случае Гордона, православному — в случае Хомякова). Для обоих нация является основной и высшей ценностью, глубоко укорененной в душе народа и его образе жизни. Она — предмет гордости народа, и по этой причине ее надлежит сохранять, лелеять, защищать от мощного иностранного влияния, способного подорвать ее равновесие. Да, существует и положительное иностранное влияние, вклад которого в национальную культуру необходимо учитывать, однако требуется тщательный отбор, чтобы национальная культура не пострадала. Некритичная открытость может уничтожить основы нации и уникальную сущность народа, как еврейского, так и русского.

Эта принципиальная позиция, сочетающая в себе откровенно националистические взгляды с ограниченной открытостью другим культурам, неоднократно озвучена в произведениях как Гордона [Gordon 2012: 112–113, 59, 202–203], так и Хомякова [Хомяков 1955: 15, 80–82]. Оба считали, что для достижения поставленной цели необходимо сохранять национальный язык и национальные обычаи, не отходить от национальных культурных ценностей и мышления, каковые характерны лишь для одного конкретного народа. Этот подход, общий для Хомякова и Гордона, особенно явственно проявляется в русскоязычных произведениях последнего, например в серии статей «Литературная летопись», опубликованных в журнале «Восход» в 1881–1882 годах. Гордон, например, критикует распространенный в его время подход, в рамках которого предполагалось сближение евреев с миром русских. Гордон считает этот подход механистическим, поспешным и упрощенным: он приведет к отрицанию национальной уникальности евреев и не позволит достичь заявленной цели. По мнению Гордона, в мир русской культуры евреев нужно приводить постепенно, сохраняя и культивируя мир их родной культуры:

> Они начали... привлекать к себе евреев и превращать их в русских. Однако они с самого начала не отдавали себе отчет в значении этого процесса и в том, в чем именно со-

стоит превращение евреев в русских. <...> Это можно совершить за полчаса на берегах какой-нибудь реки, о чем свидетельствует пример Владимира Святого[6] в случае с новгородцами [Восход 1881, апрель].

Гордон с сарказмом и горьким юмором проводит сравнение между поведением русских чиновников и действиями Владимира Святого, который насильно загнал новгородцев в воды Волхова (именно так происходила христианизация Руси, до того языческой).

Идентичны и взгляды Гордона и Хомякова касательно национальной уникальности каждого народа. Оба описывают нацию как нечто герметичное, непроницаемое для тех, кто к ней не принадлежит. Именно в этом, по мнению Гордона, и заключена причина многочисленных недоразумений в отношениях между нациями, даже в тех случаях, когда обе стороны настроены благожелательно. В «Литературной летописи» Гордон подчеркивает национальную уникальность еврейского народа, каковая отделяет его от народов-соседей:

...просвещение, свойственное и желательное для еврейского народа, согласно национальному его характеру и историческому призванию, должно быть просвещением *религиозным* [Восход 1881, июль: 8].

Действительно, по мнению Гордона, нация отделена от религии, при этом он считает, что еврейский народ не может полностью отказаться от своей религии. Нужно поддерживать и сохранять основные элементы религии как главной характеристики еврейской нации.

Гордон раз за разом развивает мысль об уникальности еврейского народа и о необходимости сохранять и культивировать ее. Еще один важный элемент еврейской национальной специфи-

---

6 Владимир Святой / Великий (958–1015) — новгородский князь. Изначально славянин-язычник, в 988 году принял христианство и христианизировал Киевскую Русь, а также насильственно крестил новгородцев.

ки — язык. В статье, опубликованной в том же году, Гордон пишет:

> Антагонисты древнееврейского языка называют его умер-
> шим, указывая, что он не разговорный. Древнееврейский
> язык, действительно, язык не живой, не разговорный, но
> его нельзя назвать мертвым, и он далеко еще не похоронен.
> Еврейский язык ведет такую же жизнь, как сами евреи.
> Оторванные от своей почвы, территории, евреи продолжа-
> ют жить силою духовных своих интересов; и еврейский
> язык, оторванный от своей почвы, уст народа, продолжает
> жить в своем духе, как чудо, сохранившееся среди своего
> народа. Язык, употребляемый в литургии и науке, на кото-
> ром практикуется богословская, отчасти даже семейная
> и деловая, переписка, на котором появляются новые ориги-
> нальные произведения, подчас даже замечательные и высо-
> коталантливые, не может считаться мертвым и похоронен-
> ным [Восход 1881, июль: 18–19].

Схожий подход обозначен в работах выдающегося представителя движения славянофилов Хомякова, который писал раньше, чем Гордон. В статье «Мнение иностранцев о России» Хомяков, как и Гордон, объясняет, почему необходимо последовательно, но осторожно впитывать иностранное влияние [Хомяков 1955: 80–86]. По его мнению, мир западной культуры далек от русского мира, представителям которого не следует относиться к первому слишком открыто, механически копировать его достижения: необходим тщательный и продуманный отбор. Излишняя открытость России не поможет; наоборот, может навредить. В статье «К сербам — послание из Москвы» он призывает другие славянские народы сохранять и культивировать собственные уникальные национальные традиции, которые сильно отличаются от традиций народов Запада: «Учитесь у западных народов: это необходимо, но не подражайте им, не веруйте в них, как мы в своей слепоте им подражали и в них веровали. Да избавит вас Бог от такой страшной напасти! <...> вы не должны прививать к себе чужой жизни...» [Хомяков 1900–1906: 189, ср. 90, 195, 196, 206].

В том же самом духе Хомяков отмечает далее, что славянские народы должны «с уважением и подозрением» относиться к достижениям Запада. Да, достижения эти, безусловно, значительны, однако сложно сказать, являются ли они благом для славянских народов: «Тяжело налегло на нас просвещение... которое приняли мы извне. Много подавлено под ним (разумеется, подавлено на время) семян истинного просвещения, добра и жизни» [Там же: 113, ср. 135].

В работах других славянофилов, например Белинского и Веневитинова [Веневитинов 1980: 129], высказаны те же идеи касательно уникальности русского народа и необходимости сохранять и приумножать его уникальную культуру.

Строго говоря, уникальность русского народа и неспособность других наций понять русский национальный дух подчеркиваются в работах многих русских мыслителей, в том числе противников славянофилов. В качестве значимого примера можно привести работы Чаадаева (1794–1856)[7]. Он принадлежал к западникам. Тем не менее в своем первом философическом письме, написанном 1 декабря 1829 года, Чаадаев высказывает мысль о том, что русский народ отличается от всех остальных народов (см. также ниже). По его мнению, русский народ уникален, представители других народов не способны его понять, при этом Чаадаев утверждает, что уникальность русского народа (свойство скорее отрицательное, доля русских) — подавать дурной пример другим народам Европы, показывать им, сколь печальна будет их участь, если и они станут действовать, сообразуясь с иррациональными, эзотерическими или религиозными критериями, которыми ру-

---

[7] Петр Яковлевич Чаадаев (1794–1856) — видный русский философ, автор восьми философических писем, посвященных положению дел в России в 1826–1831 годах. Основная мысль этих работ — отставание России от развитых европейских стран. В письмах содержится критика интеллектуальной изоляции и социальной отсталости России; см. [Проскурина 1991: 3–20]. См. также [Ермичев, Златопольская 1998: 7–40]. Философические письма Чаадаева переведены на множество языков, например немецкий [Chaadayev 1954: 85–128]. В библиографии указаны два перевода на английский.

ководствуются русские. Европейские нации не понимают отрицательной уникальности русского народа, а относятся к нему так, как если бы он был одним из европейских народов, из чего проистекает отсутствие взаимопонимания.

3.6. Душа нации сокрыта и непостижима для иностранцев

И Гордон, и Хомяков утверждали (каждый в своем национальном круге), что их народы уникальны, а сущность сокрыта и непроницаема извне. Иностранец не может понять источник души «нашего» народа («нас»), будь то евреи в произведениях Гордона или русские в трудах Хомякова. Оба отмечали, что целая пропасть отделяет их народ от окружающих, именно поэтому другие относятся к их соплеменникам неподобающе. Оскорбления и нападки берут начало в искаженной трактовке иностранцами народа, сущность которого самобытна и уникальна, чем он от них и отличается.

Гордон и Хомяков (каждый по-своему) ведут речь от лица тонко чувствующего человека, который полностью идентифицируется со своим обиженным народом. Оба жалуются на гонения, которые приходится претерпевать его соплеменникам от других наций (все по причине взаимного непонимания). Позиции у обоих националистические, одномерные, а слова, исполненные гнева, боли и горечи, отражают смятение чувств, которое они испытывают, говоря от лица своей ущемленной нации. Так, Хомяков в основном говорит о презрении, которое сквозит в унизительном отношении к русским со стороны других народов, Гордон же подчеркивает пошлость и грубость, которые приходится терпеть евреям в России. Параллельно он утверждает, что, дабы понять уникальность еврейского народа, нужно прежде всего обратиться к корням его религии, истории и культуры:

...[у евреев] церковная [религиозная] история тесно и нераздельно связана с политическою, и элементы веры не могут быть обойдены без явного ущерба для объяснения исторического течения событий [Восход 1881, май: 63].

Еще до начала погромов на Украине (1882), в период, считавшийся эпохой либерализма и великих надежд, Гордон жаловался: «Узнаем также о притеснениях и невзгодах, которые приходилось евреям переносить от произвола помещиков и властей» [Там же, август: 2]. Жалобы его усилились по ходу погромов весной 1882 года. В результате у него сложился односторонний, крайне эмоциональный националистический подход, который только укреплялся, пока погромы не стихали. В тот же период Гордон писал о пробелах в области мышления, культуры и традиции [Там же].

До него Хомяков высказывался в том же духе. В статье «Мнение иностранцев о России» он пишет:

> Недоброжелательство к нам других народов, очевидно, основывается на двух причинах: глубоком сознании различия во всех началах духовного и общественного развития России и Западной Европы и невольной досаде перед этою самостоятельною силою, которая потребовала и взяла все права равенства в обществе европейских народов. Отказать нам в наших правах они не могут: мы для этого слишком сильны. <...> Поэтому полной любви и братства мы ожидать не можем, но мы могли бы и должны ожидать уважения. К несчастию... мы и того не приобрели [Хомяков 1900–1906: 80–81].

В той же статье он пишет: «Трудно объяснить эти враждебные чувства в западных народах, которые развили у себя столько семян добра и подвинули так далеко человечество по путям разумного просвещения» [Там же: 79].

Мнения и подходы такого толка были распространены и среди других славянофилов. Например, в том же духе высказывался и Шевырев [Песков 1994б: 128–129]. Более того, подобные настроения бытовали тогда в кругах почти всех русских мыслителей, а не только славянофилов.

Хотя Гордон с Хомяковым разделяли вышеперечисленные воззрения и подходы, необходимо еще раз подчеркнуть различия между ними. Их взгляды на уникальность народа и непонимание со стороны иностранцев, с которым ему приходится сталкиваться, идентичны, однако два мыслителя приводят разные причины подобного непонимания.

По мнению Хомякова и представителей его школы славянофилов, непонимание русских иностранцами связано с мистической сутью подлинной русской души, причем достичь такого понимания умозрительным или рациональным образом невозможно, единственный путь — духовно-религиозный опыт.

Подход Гордона к представлению о еврейском народе, напротив, трезвее и рациональнее. По его мнению, непонимание между русскими и евреями коренится в объективных культурных преградах между ними. Нетерпимость к евреям со стороны русских чиновников, их нежелание постичь дух еврейства, завышенные требования и ожидания мгновенных изменений — все это продолжает отравлять отношения между российской властью и еврейской общиной. Более того, элементарное невежество русского народа касательно всего, что касается евреев и иудаизма, тоже способствует возведению преграды между двумя народами.

3.7. Национальная гордость, которую испытывает «наш» народ в силу его духовности и высокой нравственности

Самый важный и значимый элемент, связанный с вопросом о национальной принадлежности, — это гордость любого народа за «свои» духовные и этические ценности. И Гордон, и Хомяков считали свои народы уникальными, носителями выдающихся духовных ценностей и этики, древними и самобытными, обладающими особым могуществом в силу своей сложной истории. Гордон пишет:

> Это... самый древний из культурных народов, существующих на земле, но культура его имеет специфический характер, в соответствии с которым она и должна быть развиваема [Восход 1881, июль: 8].

Далее он продолжает:

Еврейский народ, об образовании и о преобразовании которого ныне так сильно хлопочут, не есть народ без образования… *Сохранение еврейского языка является… безусловно необходимым для сохранения еврейского национального духа и жизненных элементов его существования* [Восход 1881, июль: 8–9].

Ранее Хомяков высказывался в том же духе (в статье «Мнение иностранцев о России»). Очевидно, он считал русский народ самым древним, исконным, достойным и превосходным изо всех народов Европы. У русского народа славная история борьбы, основанная на гордости за свою независимость, возвышенные этические ценности и блистательные интеллектуальные достижения.

И для Гордона, и для Хомякова национальная гордость имеет особое значение в свете поисков собственного определения национализма и необходимости обозначить различия между соплеменниками автора и другими народами, подчеркнув при этом превосходство соплеменников над другими. Национальная гордость служит источником вдохновения и воодушевления как для автора, так и для других представителей его народа; она необходима для национального самоопределения.

3.8. Иностранцы — фактор, вызывающий недопонимание между народами

Ответственность за непонимание между своим народом и его соседями Гордон и Хомяков возлагают прежде всего на людей, которые предвзято формулируют свои впечатления от визитов в другие страны. Хомяков считает, что недостаток взаимопонимания между русским и европейскими народами берет свое начало в искаженной информации, которую привозят европейские путешественники, посетившие Россию. Аналогичным образом и Гордон возлагает значительную часть ответственности за отсутствие взаимопонимания между евреями и русскими на представителей русских властей, которые в официальных докладах искажают свои впечатления от посещения еврейских общин.

По словам обоих авторов, самые разные иностранцы доносили до своих соотечественников негативные, не соответствующие действительности впечатления о русском и еврейском обществе, и в их поступках чувствуется преднамеренная недоброжелательность. В их субъективных описаниях русские (по словам Хомякова) и евреи (как пишет Гордон) изображаются дикарями, варварами, существами странными и эзотерическими, и эти описания вызывают удивление и отвращение у тех, кто их слышит.

Оба мыслителя убеждены в том, что у иностранных посетителей еще до визита к «нам» (в Россию — в случае Хомякова, к евреям — в случае Гордона) возникала предвзятость, то есть в их суждениях с самого начала имелся элемент злого умысла: они старательно гнали от себя возможность составить благоприятное впечатление, поскольку им было нужно одно — получить подтверждения и доказательства заранее составленного отрицательного мнения. Оба решительно отвергают оценки подобных критиков как не содержащие ни крупицы правды.

И Гордон, и Хомяков высказываются крайне эмоционально; чувствуется, что тема затрагивает в их душах особенные струны. Оба встают в оборонительную позицию, одновременно отвергая и осуждая саму мысль, что есть необходимость обороняться от подобных обвинений, которые в их глазах изначально совершенно беспочвенны.

Ниже я приведу несколько примеров таких высказываний из трудов Гордона и Хомякова. В них представлены идеи Хаскалы и славянофильства соответственно.

Гордон так описывает мнение Петра I о евреях:

> …ни Петр, ни его приближенные не имели никаких ясных понятий о евреях. Мы имеем возможность дать читателю образчики того полного невежества, которое господствовало в придворных кружках Петра относительно быта и учения народа, о котором он отзывается так резко и решительно [Восход 1881, январь: 114].

Далее Гордон приводит впечатление одного из высокопоставленных сановников Петра от посещения общины голландских евреев:

> В Амстердаме [я] был у жидов в церквах и видел великое богатство, церкви изрядные, книги Моисеевы украшены хорошо [Там же: 115].

Кроме того, далее этот чиновник отмечает, что своими глазами видел те тридцать серебреников, за которые Иуда выдал Иисуса и которые теперь хранятся в еврейских «церквах», приумножая их богатство.

Гордон критикует недомыслие царского сановника:

> Если так по-детски наивно относится к своим этнологическим наблюдениям человек высшего круга, стало быть интеллигентный, легко вообразить себе, из каких диких понятий составлялся образ мысли наших низших слоев народа, черпавших свои сведения о евреях из фантастических россказней нянек, карикатурных представлений разных фокусников [Там же].

И добавляет с грустью:

> ...до сих пор между русскими людьми и евреями не установился modus vivendi, чтобы первые могли узнать последних в совершенстве... артисты... из низменных видов стараются заслонять истину и сеять недоразумения между людьми... [Там же: 115–118].

Хомяков, в свою очередь, рассуждает о недопонимании и об искаженном восприятии, каковые часто встречаются у иностранцев применительно к России и ее жителям. В статье «Мнение иностранцев о России» он жалуется: «Странно, что Россия одна имеет как будто бы привилегию пробуждать худшие чувства европейского сердца» [Хомяков 1900–1906: 80]. Он связывает это явление с ограниченностью опыта подобных путешественников:

> Нередко нас посещают путешественники, снабжающие Европу сведениями о России. <...> Иной пожил, может быть, более года, даже и несколько годов, и, разумеется, слова такого оценщика уже внушают бесконечное уважение и доверенность. А где же пробыл он во все это время? По всей вероятности, в каком-нибудь тесном кружке таких же иностранцев, как он сам. <...> К этому надобно еще прибавить, что почти ни один из этих европейских писателей не знал даже русского языка... и, следовательно, не имел никакой возможности оценить смысл явлений современных так, как они представляются в глазах самого народа [Там же: 81].

Хомяков подробно объясняет, что подобные путешественники прибывают в Россию уже во власти предрассудков и что их фанатичная приверженность собственным взглядам мешает по-настоящему узнать русских людей и увидеть Россию в истинном свете:

> В иных отношениях можно сказать, что путешественник хуже домоседа. Его существование одностороннее и имеет какой-то характер эгоистического самодовольства. Он смотрит на чужую жизнь, но живет сам по себе, сам для себя; он проходит по обществу, но он не член общества; он двигается между народами, но не принадлежит ни к одному [Там же: 82; ср. 84].

Хомяков не без грусти заключает: «Мои путешествия по чужим странам и беседы с людьми просвещенными и даже учеными всех вероисповеданий, существующих в Европе, убедили меня в том, что Россия доселе остается для западного мира страною почти неведомою» [Там же: 231–232].

Нельзя, однако, не отметить, что, помимо этих неприятных примеров вредоносности иностранных путешественников, Хомяков приводит и положительные отклики тех немногих иностранцев, которые не говорили о России плохо, были приятно ею поражены и даже публично высказывались об этом в печати у себя на родине [Там же: 102]. Однако таковых считаное число;

это лишь отдельные личности, которым не удалось исправить впечатление, созданное теми, кто пытается очернить доброе имя России в западном мире.

3.9. Недостаток понимания со стороны других народов в конечном итоге ведет к враждебности по отношению к «нам»

Хомяков отмечает, что представители других наций высказываются про «нас» (то есть про русских) сдержанно и враждебно. Отношение к русским со стороны других народов не является объективным, честным или доброжелательным, каким его хотели бы видеть русские, это «всегда один отзыв — насмешка и ругательство; всегда одно чувство — смешение страха с презрением» [Там же: 80]. Подобное негативное отношение подкреплено недостатком сведений о русских, прежде всего полным невежеством касательно русской культуры и образа жизни. Иностранцы знают, какая пропасть разделяет Россию и Запад в духовном, религиозном и культурном смысле; в их отношении к России присутствует нежелание понимать и ее саму, и ее уклад. Они предпочитают смотреть на нее свысока [Там же: 80–81]. Враждебное отношение представителей других народов «к нам», русским, — результат их умственной ограниченности: они не способны постигать и осмыслять новое. Более того, на самом деле эти иностранцы и вовсе не заинтересованы в том, чтобы нас понять; они смеются над нами, не беря на себя труда разобраться в сути.

Гордон тоже жалуется на презрительное отношение представителей других народов к евреям. Его русскоязычные статьи в журнале «Восход» пропитаны в этой связи болью и горечью. Ситуация только ухудшилась после погромов 1881–1882 годов. В произведениях Гордона на иврите также звучат жалобы на презрительное отношение русских к евреям. Он пишет о том, какой образ еврея сложился в глазах русских: «И были мы позором среди всех народов, и относились к нам с насмешкой и издевкой» [Gordon 2012: 225].

Нельзя не отметить, что враждебное отношение к евреям — это известный исторический факт, оно уже нашло яркое выражение в погромах 1881 года. Гордон пишет об этом не под влиянием славянофилов, а просто обрисовывает историческую реальность того периода.

Следует также сказать, что презрительное или холодное отношение европейцев к русским было для России историческим фактором. В трудах Хомякова на эту тему просто отражена та реальность, в которой он жил. Тем не менее нужно отметить, что жалобы на столь презрительное отношение соседей к народу автора — типичная и постоянно звучащая тема произведений всех сторонников национализма в Восточной и Центральной Европе во второй половине XIX и в начале XX века, которая вписывается в общую традицию. Например, в рамках публичного и культурного дискурса в России на подобные жалобы влияло романтическое учение русско-украинского литературоведа, философа, языковеда А. А. Потебни[8], который позаимствовал многие свои элементы у немецких философов: В. Гумбольдта (1767–1835) и И. Г. Гердера (1744–1803).

3.10. Роль русских и евреев в создании собственного отрицательного образа в глазах иностранцев

И Гордон, и Хомяков возлагают часть вины за искаженные представления иностранцев об их народах на своих соплеменников. Евреи (по мнению Гордона) и русские (по мнению Хомякова) сами ответственны за отрицательный образ своих народов. Как считают оба мыслителя, некоторые их соплеменники проникнуты ненавистью к себе, сами клеймят и уничижают свой народ и собственную страну. Тем самым они наносят своим народам тяжкий урон, поскольку (если даже соплеменники и соотечественники считают этот самый народ столь ущербным) стоит ли предъявлять претензии иностранцам.

---

8   Александр Потебня (1835–1891) — русско-украинский лингвист, работавший в Российской империи. Создал теорию языка и сознания, оказавшую впоследствии большое влияние на русских и украинских лингвистов, литературоведов, психологов и философов.

Интересно отметить причины неподобающего поведения соплеменников, которые перечисляют Гордон и Хомяков. Гордон упоминает о выкрестах, которым после смены веры свойственно уничижать иудаизм, опираясь на знакомство с источниками, которые они смогли изучить до расставания с родной религией. Да, знания эти подчас поверхностны, источники и их смысл часто фальсифицируются, либо по неведению, либо по злому умыслу. Представляется, что выкресты делают это, дабы оправдать свое решение, однако это не уменьшает серьезности их поступков, поскольку уничижение евреев со стороны самих евреев, особенно имеющих представление о религиозных текстах, производит на широкую русскую публику сильное и неизгладимое впечатление.

Что до Хомякова, он, разъясняя побуждения русских, дурно отзывающихся о собственном народе, говорит, что причин тому множество, но основная состоит в настрое большинства русских интеллигентов, которые напоказ восхищаются всем западным и иностранным и по этой причине презрительно относятся к собственным русским национальным традициям.

Гордон так излагает историю выкреста Ашера (Ошера) Темкина: «Темкин в своих нападках на евреев стоит всецело на религиозной почве и стреляет порохом, не им придуманным. Ржавое оружие его большею частью взято из арсенала крестоносцев прошлых столетий» [Восход 1881, август: 7].

Кроме того, Гордон упрекает других выкрестов в антисемитских выпадах и возлагает на них большую часть ответственности за наветы на евреев: «Невежество и недобросовестность какого-нибудь Брафмана, Гриневича, Лютостанского [и других выкрестов] нисколько не помешали им пользоваться одно время некоторою долею популярности и наносить евреям видимый вред» [Там же: 9]. Далее Гордон насмехается над тем, как подобные личности критикуют иудаизм, и пытается опровергнуть их слова и показать, что их мнение основано на абсурде и априорной предвзятости их отношения к евреям [Там же].

Эти идеи Гордон отстаивает с особым пылом, повторяя в самых разных контекстах. Складывается впечатление, что он будто берет на себя часть ответственности за неподобающее поведение некоторых своих соплеменников, бьет себя в грудь от их лица, сетует, что эти люди, марающие доброе еврейское имя, сами происходят из числа евреев. Для него эти евреи (то ли потому, что они выкресты, то ли по иным невысказанным причинам) — настоящая чума: они приносят мучения и без того истерзанному телу российской еврейской общины. Гордон считает, что необходимо прикладывать все усилия, чтобы препятствовать этой тлетворной деятельности во всех мыслимых областях [Восход 1881, август].

Хомяков высказывается схожим образом: он также возлагает на русских интеллигентов ответственность за создание отрицательного образа России в глазах европейцев. Люди, занимающие видное положение в российском обществе и пользующиеся на родине большим влиянием, высказывают (особенно путешествуя за границей) презрение к исконным русским ценностям, несоразмерно хвалят иностранную культуру только за то, что это нерусская культура: «Всякому образованному русскому все-таки естественно кажется, что человек, который говорит только по-французски или по-немецки, образованнее того, кто говорит только по-русски» [Хомяков 1900–1906: 100]. По мнению Хомякова, русские виноваты в том, что лишены должного самоуважения, тем самым они марают национальный престиж России, а это явление необходимо искоренить. По мнению Хомякова, русские сами повинны в том, что у европейцев сложилось нелестное представление о России, ее культуре и образе:

> Уже одной страсти ко всему иноземному, одного ревностного желания уподобиться во всем нашим иностранным образцам было достаточно, чтобы оторвать нас от наших коренных источников умственной и духовной жизни. Продолжая в глубине сердца любить родную землю, мы уже всеми силами своего ума отрывались от ее истории и духовной сущности. ‹…› Вообще, все мною сказанное... сказано только как пример той слепой доверчивости, с которою мы принимаем все притязания западной мысли, и доказательство нашего умственного порабощения [Там же: 92–93].

Хомяков, как и Гордон, неоднократно возвращается к этой теме, развивая ее снова и снова [Там же: 185–187].

Идеи в том же духе высказывали и русские мыслители более позднего периода, например Достоевский. Этот факт свидетельствует о том, что подобные взгляды были широко распространены в России на протяжении многих лет, как до времени Хомякова, так и при его жизни [Достоевский 1980: 55].

3.11. Слепое стремление подражать всему иностранному (как в русском обществе, так и среди евреев)

Гордон и Хомяков придерживались противоположных взглядов. Цель Хомякова состояла в том, чтобы поддерживать все русское и защищать его от иностранного влияния, даже самого благотворного и полезного. Гордон же старался внушить своим соплеменникам, что им необходимо перенимать из чуждого им окружения полезные новации, которые поспособствуют благу и процветанию их братьев — российских евреев.

Хомяков, что можно ожидать от убежденного славянофила, критикует русских аристократов, которые уничижаются и пресмыкаются перед Западом. По его мнению, представители аристократии стремятся во всем походить на европейцев, копируют их образ мысли, лебезят перед ними, как слуги перед хозяином [Хомяков 1900–1906: 88–92, 185]. По мнению Хомякова, это нездоровое и даже вредоносное явление, которого следует избегать. Да, Хомяков считает, что допустимо заимствовать у западных народов полезные новшества, но ни в коем случае не подражать им со «слепой доверчивостью».

По мнению Хомякова, страсть ко всему, что «не отсюда», что не является русским, стремление следовать иностранным образцам оторвали русских от исконных источников их умственной и духовной жизни, собственной духовной сущности. Хомяков, следуя обычаю славянофилов, критикует тех представителей своего народа, которые стремятся воспринимать обычаи других народов и подражать им.

Гордон, в отличие от Хомякова, поддерживает открытость внешним веяниям, но при этом яростно критикует слишком ассимилированных евреев. Говоря о последних, он использует те же ходы мысли и даже те же языковые клише, которыми пользовались русские славянофилы вроде Хомякова. Гордон выступает за укрепление единства и братства между всеми евреями, рассеянными по миру. Он пишет:

> Евреи во Франции и в Германии, Англии и Италии изо всех сил своих стараются быть французами или немцами, англичанами или итальянцами, перестав быть евреями. Они говорят на языках стран, в которых живут, следуют тамошним обычаям. <...> Они забыли про исток своего происхождения, и братства между ними и их собратьями в других странах более не существует [Gordon 1959–1960, 2: 198].

Особенно сильно влияние славянофильства чувствуется в текстах Гордона там, где он критикует ассимилированных евреев. И славянофилы, и Гордон резко отрицательно относятся к слепому желанию, бытующему как в русском обществе, так и среди евреев, быть похожими на других, становиться такими же, как и они.

Гордон клеймит евреев, которые пытаются подражать обычаям русских. Он сравнивает израильтян, вышедших из Египта, со своими современниками — ассимилированными евреями. По его мнению, те и другие ведут себя в отношении хозяев как рабы с проколотым ухом [Там же: 199], то есть подражают хозяевам во всем, неразборчиво и со слепой доверчивостью.

Кроме того, Гордон критикует евреев за то, что они перенимают определенные обычаи своих соседей, в том числе непотребные и постыдные; например, некоторые евреи позволяют себе напиваться и, подобно русским, появляться в пьяном виде в общественных местах. Гордон пишет: «В последнее время многие собратья наши научились подражать своим соседям и вести себя подобно самым среди них непотребным, следуя за ними в их поступках и поведении» [Там же: 249].

Он рассказывает вымышленную историю двух друзей: еврея Гирша и русского Гриши. Однажды у Гирша случилась неприятность, «лицо его сделалось сердитым», и тогда русский, Гриша, предложил ему:

> — А ты изгони гнев из сердца своего и зло из своей плоти. <...> Пошли в кабак. <...> Да и вообще, завтра Пурим, а в Пурим положено напиться!
> Еврей же, хотя и был он человеком мудрым и набожным и хотя имя его было схоже с именем христианина, отклонил это непотребное предложение.
> — Отстань от меня! — отвечал он сердито [Там же: 250].

Из этой выдуманной истории видно, что, по мнению Гордона, негоже перенимать неподобающие и постыдные обычаи неевреев, поскольку в результате вред будет нанесен всему: здоровью самого еврея и существующему представлению о еврейском народе в целом.

3.12. Необходимость сохранять исконный национальный язык и развивать его — основополагающий компонент национализма

И Гордон (вслед за другими маскилами), и Хомяков (подобно другим славянофилам) считали, что сохранение и приумножение национального языка жизненно необходимы для развития национализма. Национальный язык вносит решающий вклад в формирование национальной идентичности тех, кто на нем говорит. Хомяков пишет:

> ...[представители нашего народа] все обычаи свои изменяли, чтобы принимать обычаи чужие, и снова беспрестанно меняли эти новые обычаи по указу иноземному; наконец (даже стыдно об этом вспомнить), самый язык свой, великое наречие речи славянской, древнейшего и лучшего изо всех слов человеческих, презирали мы и бросали... заменяя его жалким лепетом самого скудного изо всех языков европейских [французского]. Таково было наше безумие; таковы были явления того времени [Хомяков 1900–1906: 186].

По мнению Хомякова, приверженность исконному языку — одно из основных условий сохранения у народа понятия о собственной ценности.

Гордон тоже призывает к укреплению уникального национального чувства еврейского народа и в качестве одного из необходимых условий выдвигает сохранение национального языка. Он пишет:

> И ныне любезные дети Сиона кичатся своей просвещенностью, годной лишь на то, чтобы по-обезьяньи передразнивать окружающие народы. Но не в том ли видят они свою честь и славу, чтобы те, кто их видит, ни за что не признали в них семени, благословенного Создателем? И обучают они гортани свои глаголать на языках своих стран и языках каждого народа, собственный же язык застревает у них во рту. Кто научит их приводить сердца в единодушие, любить свой народ и тот исток, из которого они вышли, гордиться им вопреки мнению всех наций? [Gordon 1959–1960, 2: 199]

По мнению Гордона, утрата национального языка в конечном итоге приводит к потере национальной идентичности. Это видно по множеству примеров того, что он видит у «представителей нового поколения, которые выросли без истинного Бога, Торы и веры, знания нашего языка и истории» [Там же: 259].

Гордон восхваляет еврейский язык, и сердце его преисполнено изумления, а слова напоминают речи славянофилов, когда те говорят про русский язык. Гордон всею душой любит иврит; ему важно, чтобы его пестовали, сохраняли, развивали: «Язык, священный язык, процветает; он обновляется, подобно орлу, и еще вернется во дни своей юности. <...> Что еще можем мы сделать для нашего языка в тот день, когда они выступят в его защиту?» Далее он говорит, что употребление иврита, расширение сферы его использования, его приспособление к нуждам повседневности повлечет за собой обновление народа Израиля: «Этим мы подаем знак, что Израиль гордится его бедностью, ибо к бедности он приспособлен, но на деле есть он вещь громадная, и дом его будет вскоре отстроен заново» [Там же: 219].

Использование национального языка, его сохранение и развитие — все это славянофилы почитали важнейшими элементами придания национализму особой значимости, при этом в их представлениях чувствуется влияние немецкого романтизма, который проник в русскую философию и культуру, в том числе через труды Потебни [Пресняков 1980].

Мировоззрение Потебни сформировалось под влиянием немецких философов, приверженцев идеализма, таких как Г. В. Ф. Гегель, И. Кант, И. Г. Фихте и Ф. В. Й. Шеллинг. На представления Потебни о языке повлияли прежде всего работы В. Гумбольдта, а также его последователей: И. Ф. Гербарта, Р. Г. Лотце и Х. Штейнталя.

Большую часть своих представлений о языкознании Потебня позаимствовал у Гумбольдта, например понятие о языке как отражении тонкостей психологии говорящего, концепцию дискурса как сознательной умственной деятельности, а не просто способа передачи информации, как было принято считать раньше. Н. И. Безлепкин, один из русских последователей Потебни, сравнил идеи Гумбольдта и Потебни и пришел к выводу, что для большей части идей Потебни можно найти параллели в опубликованных работах Гумбольдта [Безлепкин 1997: 165–171].

Маскилы, в том числе Гордон, ознакомились с русскоязычными трудами Потебни и почерпнули из них идеи Гумбольдта. Хотя маскилы могли читать по-немецки безо всякого труда, поскольку владели идишем, им проще было получить доступ к работам Потебни на русском, чем добывать книги Гумбольдта на немецком из-за границы. Можно почти безусловно утверждать, что представления о языке как важнейшей составляющей формирования национального духа проникли в сознание маскилов, в том числе Гордона, под влиянием русских мыслителей, труды которых они усердно читали.

3.13. Трагедия Вавилонской башни ждет всякий народ, который отказался от сохранения своего исконного национального языка

И Гордон, и Хомяков предупреждают соплеменников об опасности утраты национальной идентичности, а лишиться ее можно, в частности, отказавшись от своего исторического национального языка. Оба они высказывают своего рода пугающее пророчество о том, что произойдет с их народами в этой трагической ситуации; оба прибегают к библейской образности и поминают Вавилонскую башню, дабы подчеркнуть масштабы ожидающего их народы бедствия и подкрепить смысл своих слов. Хомяков пишет: «Своя народность заменилась не общечеловеческим началом, а многонародностью Вавилонскою, и человек, не добившись невозможной чести быть человеком, безусловно, делается только иностранцем вообще, не только в отношении к своему народу, но и ко всякому другому и даже к самому себе» [Хомяков 1900–1906: 154]. Гордон высказывает схожие соображения:

> Вслушайтесь в звучание всех разнородных языков, что срываются с уст этого народа, расколотого на части. Ясным и освежающим был язык строивших башню в долине Шинар в сравнении с этим, искореженным. <...> Кто создаст для них внятную речь, дабы обрели они один язык и одно наречие и пользовались им повсеместно? [Gordon 1959–1960, 2: 198–199].

То, что в трудах обоих мыслителей появляется образ Вавилонской башни, указывает если не на прямую взаимосвязь между ними, то как минимум на тот факт, что оба автора опирались на один и тот же источник, а именно на библейские образы, к которым часто обращались русские ученые и мыслители.

3.14. Необходимость использовать достижения и познания других народов на благо своего и продвигать свои национальные цели

Славянофилы, в том числе Хомяков, готовы были применять нововведения, позаимствованные у других народов, особенно в сфере науки, и вписывать их в русский образ жизни. Да, Хомяков был расположен использовать такие новации только при том условии, что все они приобретут исконно русский характер и окраску, так, чтобы их иностранное происхождение больше не просматривалось. По мнению Хомякова, и науку следует приспособить к русскому образу мыслей и русскому образованию, в таком случае научные достижения будут восприняты «среди нас» в России, причем гармонично, без раскола между «нашим», то есть исконно национальным, и тем, что является иностранным и чуждым. Хомяков пишет, что наука должна существовать во взаимосвязи с русским образованием, питаться из богатых национальных источников, глубоких и чистых. Одной лишь науке по силам залечить раны глубокого раскола внутри страны [Хомяков 1900–1906: 100–101].

В соответствии с духом времени Хомяков не проводит различия между изучением культуры и конкретных вещей, как оно принято в современной науке. То и другое он обозначает одним словом — «наука». Призывая своих соплеменников стать учеными, он высказывает мысль, что для представителей русского народа благотворно изучать обычаи других культур.

В статье «Разговор в Подмосковной» [Там же: 136–162] Хомяков приводит ряд дискуссий между четырьмя представителями русской аристократии. Темами дискуссий являются сохранение и распространение всего, что связано с русским народом. Помимо прочего, обсуждается вклад науки в сохранение народа, причем слово «наука» употребляется и применительно к изучению чужих культур. Персонажи этой статьи утверждают, что изучение иностранных культур: английской, итальянской, немецкой, французской — поможет русскому народу достичь национального самоопределения, поскольку русские станут лучше понимать себя и свое отличие от других наций. Хомяков утверждает, что только изучив иностранные культуры представители русского народа смогут понять свою национальную уникальность и дать лучшее определение своему, русскому, народу. Он пишет: «Когда мы возвратимся домой... мы принесем с собою такое ясное понимание всего мира, которое и не снится самим немцам» [Там же: 143]. По мнению Хомякова, освоив точные науки и иностранные культуры, русские смогут интегрироваться в эти культуры и использовать их в интересах своего народа. Он полагает, что именно это и есть верный путь к подлинному знанию и эрудиции. Хомяков пишет: «Многообразна жизнь человека в народе; она свою долю общечеловеческого достояния, ею схваченную и выраженную в слове и быте, складывает в стройное, живое и сочлененное целое; и человек, принимая в себя всю эту жизнь, кладет стройную и сочлененную основу своему пониманию» [Там же: 136].

Суммируя, можно сказать: Хомяков понимает, что в современной жизни возникают свои особые нужды. Дабы удовлетворить их, необходимо, в частности, учиться у Запада. Однако обучение это должно иметь четкие пределы и соответствовать духу русского народа:

> Ни строгостью, ни законами нельзя оградить обычаев от искажения. <...> Только внутреннее убеждение и чувство народное могут охранять обычай, который всегда истекает из внутренней жизни. <...> Мы знаем, что обычаи не могут оставаться навсегда неизменными и что требования жизни мало-помалу изменяют или приноравливают их согласно изменениям самой жизни. Внутреннее чувство народа само служит мерилом для законности и необходимости этих постепенных изменений [Там же: 192].

Наряду с Хомяковым и другие славянофилы поддерживали представление о том, что нужно черпать знания из наук и культур других народов, однако знание это должно быть пропитано русским духом и адаптировано к потребностям русского народа. Самарин, один из авторов идеологии славянофилов, как и Хомяков, говорил о необходимости сохранения русского духа в контексте ограниченного и осторожного усвоения определенных западных новинок. Будучи истовым патриотом, он тем не менее поддерживал идею внедрения определенных новаций в культурную, общественную и политическую жизнь России, допуская даже новации, имеющие внешнее происхождение. Самарин считал, что использование некоторых новых западных идей только укрепит подлинный русский дух. Он, к примеру, писал, что распространение книгопечатания в России, печать газет, как это делается на Западе, укрепление российского гражданского законодательства и системы налогообложения — все это внесло свой вклад в развитие его любимой родины [Цимбарева 1996].

В этом смысле славянофилы вторили своим противникам, западникам. Например, Чаадаев, который, о чем уже было упомянуто, придерживался взглядов, строго противоположных суждениям славянофилов, утверждал, что русским необходимо учиться у других наций и использовать их знания на благо и для процветания всего русского народа [Чаадаев 2016]. Разница заключалась лишь в том, что славянофилы предлагали действовать более осмотрительно и в ограниченных пределах.

Конфликты — или метания — между стремлением сохранить русское культурное и религиозное наследие и желанием использовать себе на благо полезные новшества иностранного происхождения свойственны и мышлению Гордона. Кроме прочего, он пытался нащупать тонкую грань между исконными еврейскими ценностями и открытостью русскому миру с его достижениями и новациями. Вот как он высказывался касательно необходимости сочетать «мудрость всех народов» с «мудростью Израиля»:

> И кабы царство Израиля существовало по сей день, пропасть между мудростью Израиля и мудростью всех существ человеческих не была бы столь глубока, как сегодня, ибо старейшины Израиля, его мудрецы и судьи собрались бы на общий совет и порешили бы не устраняться от творящегося в мире и насущных нужд времени, в которое им довелось жить [Gordon 1959–1960, 2: 202].

Если же говорить об опасливом и о взвешенном подходе к иноземным новациям со стороны славянофилов, Гордон был более открыт для принятия нового. Он пишет: «И позволим мы красе Иафета пребывать в шатрах Сима, и привьем иноземные черенки к лозе Израиля, дабы стала она сильнее и прекраснее» [Там же: 216]. И далее продолжает в том же ключе: «И что тогда сможет помешать нам привить этот иноземный черенок [Иафета] к лозе Израиля, дабы насладились мы плодами и цветами, дабы наше дерево жизни услаждало и вкус наш, и взоры?» [Там же: 223].

По мнению Гордона, истинное просвещение возможно только в рамках сочетания иудаизма с общим знанием или включения одного в другое: «Если оказался ты в рядах подлинных мастеров культуры и пролился на тебя свет знания, пойдешь ты сквозь тьму, ведомый этим светом, и, даже вернувшись в свое тесное жилище, будешь знать, как хранить его от грязи, непотребства и прочих невзгод» [Там же].

Между взглядами Хомякова и Самарина, с одной стороны, и Гордона, с другой, есть важное различие. Славянофилы ратовали за добровольное заточение во внутреннем мире России, тогда как маскилы, к которым принадлежал Гордон, отстаивали противоположный подход — открытость всему внешнему с целью получать полезные знания. Кроме того, иным было и их положение в обществе. Во второй половине XIX века широкая русская публика уже признавала огромные достижения Запада в области культуры, техники, общественного развития и экономики, равно как и необходимость приспособления этих достижений к русскому национальному характеру с целью обеспечения дальнейшего развития русской духовности и культуры, а вот призывы Гордона к открытости Западу по-прежнему вызывали недовольство в еврейском мире его времени. Традиционное еврейство, прежде всего раввины, возражало против использования достижений иностранцев.

3.15. «Наши народы не способны сближаться так быстро, как мы надеялись»

В призывах Гордона изучать образ жизни других народов звучит эхо представлений западников, хотя и с иным посылом. Например, и Гордон, и Чаадаев (один из главных представителей движения западников в России) критически отзываются об отсутствии близости между их народом и другими.

Гордон сетует на то, что российские власть имущие (правители) оказывают давление на еврейскую общину, чтобы та содействовала сближению евреев с православными; это тревожило Гордона. По сути, он отказывается подчиняться давлению со стороны официальных властей, которым евреи обязаны были повиноваться. Гордон считал себя последней линией обороны, так как видел свою обязанность в том, чтобы защищать своих соплеменников от действий правительства в духовной, культурной и религиозной сферах, в деятельности которого он усматривал признаки насилия и принуждения.

Чаадаев также сознавал отсутствие близости между своими соплеменниками, русскими, и другими народами, под которыми имелись в виду народы Европы. Он видел, что Россия отстает от других стран в своем развитии. Его тревожило, что сближения не происходит, однако реагировал он на это иначе, чем Гордон. Чаадаев хотел бы, чтобы Россия развивалась стремительнее, чтобы быстрее нагоняла другие народы, однако процесс этот не шел с той скоростью, с какой ему бы хотелось. В практическом ключе Чаадаев сетовал, что Россия едва двигается в направлении Запада, и его это тревожило [Чаадаев 2016].

3.16. Поиск необходимого равновесия между национальным и универсальным

Хомяков призывал представителей русского народа участвовать в создании подлинного русского национализма. Кроме того, он советовал сторониться тех, кто ошибочно полагает, что можно полностью отрезать себя от русского народа и заниматься вещами, никак не связанными с родиной, сколь бы обоснованными, достойными и добродетельными ни были эти занятия. На самом деле, утверждает Хомяков, такие люди не в состоянии подняться над проблемами русского народа, в итоге они повиснут в пустоте, утратив всяческие связи. По его мнению, люди, игнорирующие национальные проблемы русского народа, обречены оставаться в одиночестве, безо всякой родины. Он пишет:

> А думают же иные себя обезнародить и уйти в какую-то чистую, высокую сферу. Разумеется, им удается только уморить всю жизненность и, в этом мертвом виде, не взлететь в высоту, а, так сказать, повиснуть в пустоте [Хомяков 1900–1906: 163].

Хомяков мечется между русско-национальным и общечеловеческим подходом и в итоге однозначно высказывается в пользу национального.

Другие славянофилы также пытались осмыслить вопрос о поисках необходимого равновесия между потребностью укреплять русско-национальную составляющую и необходимостью взаимодействовать с представителями других народов. К. С. Аксаков[9], один из отцов-основателей идеологии славянофильства, уделял особое внимание вопросу о месте русского народа среди других. Русско-национальный подход казался ему предпочтительнее общечеловеческого или европейского.

В 1855 году Аксаков опубликовал одну из самых значимых своих статей, «О внутреннем состоянии России», в которой утверждал, что русский народ — это не просто народ «государства и правительства», то есть понятия о верховной власти и государственности русскому народу чужды. Светское самостоятельное правительство, политическое устройство, основанное на рациональном конституционном подходе, — все это для русского народа неестественно, поскольку завезено в Россию из Европы. По мнению Аксакова, исконный русский народ жил крестьянскими общинами под управлением старейшин, в основе управления лежали нравственность и религия, а не законы страны. Далее Аксаков заявляет, что Россия должна вернуться к ситуации, когда у власти находятся общинные старейшины, отказаться от конституционно-государственного правления и тем самым снова припасть к национальным корням. Он советует России выбрать национальный путь, а не общечеловеческий, который выбрала Европа.

Гордону также были свойственны метания в вопросе о том, как должно выглядеть равновесие между исконно еврейским и общечеловеческим. Однако он пришел к иному выводу, нежели Аксаков и Хомяков: можно найти компромисс, сочетать одно с другим, не придерживаясь одного только национального аспекта. Гордон пишет:

---

9   Константин Сергеевич Аксаков (1817–1860) — русский поэт, писатель, историк, специалист по русскому языку, литературный критик, один из первых и самых видных славянофилов. Его отец, С. Т. Аксаков, был писателем, а младший брат, И. С. Аксаков, — журналистом.

Ваши дети будут изучать языки всех народов и искать убежища в тени этих народов, всех наций, но негоже им отрекаться от языка предков и знания того, что с ними было раньше. Они могут, как им вздумается, менять свой лик [имеется в виду внешность] и свои одежды, но при этом должны сберегать души и готовить сердца. Они могут пренебрегать священной плотью [отсылка к употреблению в пищу некошерного мяса], но только не отнимайте у них их священного духа [Gordon 1959–1960, 2: 202].

В 1863 году Гордон опубликовал знаменитое стихотворение «Пробудись, народ мой!», в котором сформулировал свои представления о необходимости гармонично сочетать всеобщее и исконно еврейское. Он пишет: «Долго ли ты будешь от нас отделен, / Наш гость, / Иной? <...> Мудрости открой свое сердце: / Заговори на их языке, узри свет». Особенно знаменитыми стали две строки из этого стихотворения: «Будь евреем в шатре своем / и человеком, выходя из него» [Там же: 17].

И маскилы, и славянофилы стремились к сочетанию национального и общечеловеческого, однако при этом приходили к противоположным выводам. Если славянофилы призывали к изоляции, к тому, чтобы закрыться в пределах собственной национальной культуры, то маскилы искали способы постижения внешнего мира, установления с ним связей, но при условии сохранения всего национального, укорененного и поддержания связи с ним.

3.17. Критика консервативных элементов внутри «нашего» народа, которые не готовы сделать шаг навстречу просвещенной Европе

Западники сетовали на то, что их родная страна и представители народа являются отсталыми и не хотят равняться на развитые народы Европы. Они призывали русских поддерживать сближение с Западом во всех областях. Например, Чаадаев в своем первом философическом письме высказывает недовольство тем, что русские не готовы заимствовать у иностранцев новшества в области культуры: «В крови у нас есть нечто, отвергающее всякий настоящий прогресс» [Чаадаев 2016: 87]. Пока европейские народы развивали свои культуры, улучшали состояние политики, права и экономики, русский народ томился под татаро-монгольским игом[10], а это сдерживало его совершенствование и развитие. Однако даже после освобождения от ига русские не готовы следовать за европейцами, которые за этот период значительно продвинулись вперед: русские предпочитают жить под гнетом собственного нежелания совершать поступательное движение [Чаадаев 2016].

Критические замечания Гордона близки к высказываниям западников. В его трудах, как на иврите, так и на русском, неоднократно звучит критика богобоязненных и закованных в кандалы традиции раввинов, которые не дают своим соплеменникам учиться у других народов и двигаться в духе времени по пути прогресса.

3.18. Заключение

Движения за национальное освобождение, которые вырвались на историческую сцену во второй половине XIX века, возникли у многих народов, но прежде всего среди национальных меньшинств Восточной Европы и (в особенности) России. Представители этих движений призывали к возрождению национального духа и независимости, свободе в самых разных областях: религиозной, культурной, гражданской, общественной и политической. Подпитывавшее их национальное самосознание выражалось разными способами, принимало всевозможные обличия в зависимости от конкретного народа или этнической группы, в соответствии с их особенностями.

Повсеместное национальное возрождение не обошло стороной и еврейские общины России. Национальное возрождение российского еврейства следует рассматривать с учетом географиче-

---

[10] Монгольское завоевание Киевской Руси произошло в 1237–1240 годах. С этого началось так называемое татаро-монгольское иго, продлившееся до 1480 года.

ского, исторического и более широкого идеологического фона, как часть духа национального пробуждения, который в то время обуревал и другие этнические меньшинства. В доказательство я привожу фрагменты из трудов Гордона, выдающегося представителя движения Хаскалы в России, и противопоставляю их высказываниям вождей славянофильства, таких как Аксаков, Самарин, Хомяков, а также западников, таких как Чаадаев. В идеологических рассуждениях всех этих мыслителей, где идет речь о национальном возрождении, чувствуется значительное сходство. Оно указывает на то, что размышления участников Хаскалы о национализме были неотъемлемой частью интеллектуальной мозаики националистических тенденций, которые получили широкое распространение в кругах российской интеллигенции.

Гордон, в отличие от многих других маскилов, прекрасно владел русским языком и активно участвовал в русской культурной и общественной жизни. Он четко представлял себе, что происходит в мире, и атмосфера национального пробуждения в России оказывала на него серьезное влияние. И Гордон, и другие маскилы, пытавшиеся принимать участие в русской культурной жизни, заимствовали из нее многие идеи, а также образы и формулировки, но использовали их применительно к духовной жизни евреев. Национальное пробуждение, о котором они говорили, было своего рода красивой утопической мечтой, далеко выходившей за рамки всего, что могли себе вообразить измученные и угнетенные еврейские общины, проживавшие во второй половине XIX века в изгнании на территории России.

Глава 4
Сравнение националистических взглядов Пинскера со взглядами Н. А. Бердяева, В. И. Иванова и П. Я. Чаадаева

4.1. Й. Л. Пинскер и его национальные устремления

У Хаскалы (еврейского Просвещения) и просионистского движения Ховевей Цион было много свойств духовного толка, которые роднили их с другими национальными движениями того же периода в России и Восточной Европе. Существуют явственные параллели между подходом к национальному вопросу представителей Хаскалы и сионистских движений, с одной стороны, и представителей русских националистических движений, с другой.

Й. Л. Пинскер разделял взгляды Гордона на национальность. Он считал великой честью для себя участвовать в начинаниях Гордона, направленных на благо еврейского народа. В личном письме Гордону от 13 ноября 1882 года Пинскер выражает восхищение своим адресатом и призывает того активнее участвовать в зачинании национального движения в среде русского еврейства [Pinsker 1944: 118].

Многие идеи Пинскера, как и Гордона, зародились под влиянием общей националистической атмосферы в Российской империи того времени. В этой главе я буду сравнивать идеи русских мыслителей, таких как Чаадаев, с идеями Пинскера и покажу, что между этими мыслителями было много общего, а также то, что у их идей имелись параллели в российской журналистике, критике и идеологическом дискурсе того периода.

4.2. География как важнейший фактор развития любой нации

География является одним из основных факторов в вопросе самоопределения и развития народа. Иными словами, укоренение народа на определенной территории, в противоположность рассеянию в диаспоре, укрепляет его национальные чувства и делает его независимой национальной единицей. Что касается русских мыслителей, о том, что географический фактор сыграл важнейшую роль в развитии русского народа, прежде всего говорит Чаадаев [Чаадаев 1991, 1: 538]:

> Всякий народ несет в самом себе то особое начало, которое накладывает свой отпечаток на его социальную жизнь, направляет путь на протяжении веков и определяет место среди человечества; это образующее начало у нас — элемент географический, вот чего не хотят понять; вся наша история — продукт природы того необъятного края, который достался нам в удел. Это она рассеяла нас во всех направлениях и разбросала в пространстве с первых же дней нашего существования; она внушила нам слепую покорность силе вещей, всякой власти, провозглашавшей себя нашей повелительницей. <...> Мы лишь географический продукт обширных пространств, куда забросила нас неведомая... сила. <...> Однако эта физиология страны, несомненно имеющая недостатки в настоящем, может представить большие преимущества в будущем, и, закрывая глаза на первые, рискуешь лишить себя последних [Там же: 480–481].

Пинскер также считает географический фактор решающим для судьбы еврейского народа: «Он [еврейский народ] не имеет своего отечества, хотя имеет много родин, у него нет своего центра, своей точки тяготения, нет ни своего правительства, ни представительства. Он вездесущ, но нигде не дома» [Пинскер 2008: 145].

По мнению Пинскера, галут («принудительное изгнание, рассеяние») определяет суть бытия еврейского народа. Отсутствие собственной родины влечет за собой трагические последствия для евреев, проживающих в диаспоре:

> Стремясь к сохранению нашего материального существования, мы, к сожалению, слишком часто были вынуждены игнорировать наше нравственное достоинство. <...> Мы служили народам мячом, которым они играли. <...> Нас терпели тем охотнее, чем наше национальное самосознание делалось более податливым и эластичным в руках играющих. <...> Так мы беспомощно мечемся в заколдованном круге в продолжение тысячелетий, предоставляя властвовать над нами слепой судьбе [Там же: 159, 173–174].

По мнению Пинскера, именно отсутствие собственной территории стало причиной социальных, поведенческих и концептуальных искажений коллективного сознания еврейских общин по всему миру. Как считает Ахад-ха-Ам[1], Пинскер видел в автоэмансипации не спасение от внешнего врага, а путь к восстановлению национальной гордости еврейского народа [Там же: 5].

4.3. Деградация любого народа в отсутствие четкой национальной повестки в глазах других народов

Чаадаев сетует на то, что другие народы относятся к русскому с презрением. По его понятиям, «никогда ни один народ не был так бичуем, никогда ни одну страну не волочили так в грязи, никогда не бросали в лицо публике столько грубой брани» [Чаадаев 1991, 1: 537].

Что примечательно, подобные идеи высказывает и Хомяков. В статье «Мнение иностранцев о России» он приводит обоснования этого презрения, на которое русские должны по мере сил не обращать внимания.

---

[1] Ахад-ха-Ам (дословно «один из народа»), настоящее имя — Ушер Исаевич (Ашер Хирш) Гинцберг (1856–1927), еврейский писатель, публицист и философ.

В этом Чаадаев схож с Хомяковым, который также сетует на то, что именно в связи с русским народом всплывает самое худшее, что есть в европейцах: «Странно, что Россия одна имеет как будто бы привилегию пробуждать худшие чувства европейского сердца» [Там же].

Писатели этого периода, прежде всего представители этнических меньшинств Восточной Европы, часто заявляли, что их народ не получает должного признания со стороны других. То же самое утверждает и Пинскер. Он говорит, что все другие народы презирают и ненавидят евреев:

> Мир узрел в этом народе [евреях] зловещий призрак мертвеца, бродящего среди живых. <...> Этот страх пред призраком еврейства, в течение столетий переходя из рода в род, все более укреплялся; он привел к известному предрассудку, который, в свою очередь, в связи с обстоятельствами... подготовил почву для юдофобии... юдофобия получила право гражданства у всех народов, с которыми евреи вступали в отношения [Пинскер 2008: 147–148].

4.4. Отсутствие прочных культурных основ, связанное с отсутствием национальной повестки

В работах многих русских мыслителей, в том числе Чаадаева, постоянно звучит мысль, что русскому народу не хватает общих культурных основ с соседними народами:

> Мы стоим как бы вне времени, всемирное воспитание человеческого рода на нас не распространилось. Дивная связь человеческих идей в преемстве поколений и история человеческого духа, приведшие его во всем остальном мире к его современному состоянию, на нас не оказали никакого действия [Чаадаев 1991, 1: 323] (см. также [Исупов, Бойков 1998: 9–20]).

По мнению Чаадаева, отсутствие взаимоотношений с окружающими европейскими народами породило тот грустный факт, что русский народ даже сам не ценит и не уважает собственную историю. Отказ от исторического наследия подрывает самые основы русского народа как нации: «Окиньте взором все прожитые века, занятые нами пространства, и вы не найдете ни одного приковывающего к себе воспоминания, почтенного памятника, который бы властно говорил о прошедшем и рисовал его живо и картинно» [Чаадаев 1991, 1: 325].

Пинскер тоже сожалеет об отсутствии у евреев единой исторической и культурной основы:

> Еврейскому народу недостает той самобытной жизни, которая немыслима при отсутствии общего языка, общих нравов и сожительства на одной и той же территории. <...> Для признания евреев национальностью им недостает того индивидуального народного духа, свойственного всем другим нациям, который создается общностью территории; этот народный дух не мог сохраниться при разбросанности Израиля; более того, даже воспоминание о старом отечестве кажется вполне заглохшим у евреев [Пинскер 2008: 145].

Хотя культура и история русского народа сильно отличаются от таковых у евреев, в трудах Пинскера и Чаадаева есть определенные точки сходства. Оба мыслителя считают, что укрепление отношений между разными сообществами может способствовать укреплению чувства национальной принадлежности. Напротив, отсутствие объединяющих культурных элементов, таких как общий язык и единые обычаи, ослабляет национальный дух.

4.5. Место нации среди других

Чаадаев сожалеет о том, что русский народ пользуется крайне дурной репутацией среди других народов:

> Про нас можно сказать, что мы составляем как бы исключение среди народов. Мы принадлежим к тем из них, которые как бы не входят составной частью в род человеческий, а существуют лишь для того, чтобы преподать великий урок миру. Конечно, не пройдет без следа и то наставление, ко-

торое нам суждено дать, но кто знает день, когда мы вновь обретем себя среди человечества, сколько бед испытаем мы до свершения наших судеб? <...> ...мы стали жертвой завоевания. И когда, затем, освободившись от чужеземного ига, мы могли бы воспользоваться идеями, расцветшими за это время среди наших братьев на Западе, мы оказались отторгнутыми от общей семьи, подпали рабству, еще более тяжкому и притом освященному самим фактом нашего освобождения [Чаадаев 2016: 326, 331].

Хомяков поддерживает эту мысль Чаадаева и сравнивает место русского народа в семье народов с местом презренного приемыша: «Неужели мы так ничтожны по сравнению с Европой, в самом деле похожи на приемышей в общей семье человечества?» [Хомяков 1986: 122 и далее].

Пинскер также жалуется на то, какое ущербное положение занимает еврейский народ среди других. Одновременно он сожалеет о том, что евреи стремятся к сближению с другими народами и в этом процессе постепенно утрачивают национальное самосознание. Пинскер говорит, что, несмотря на все свои старания, евреи остаются для других народов чужаками и не находят себе места среди них:

Благодаря своей способности приспособляться, они легко усвоили чуждые им оригинальные черты народов, в среду которых судьба их забросила. <...> Стараясь слиться с другими, они до известной степени легкомысленно пожертвовали своей национальностью, однако нигде не добились того, чтобы сограждане признали их равными себе коренными жителями. Но что более всего удерживает евреев от стремления к самостоятельному существованию — это отсутствие в них такой потребности [Пинскера 2008: 146].

Пинскер, как и Хомяков, использует сравнение с неродным ребенком, когда описывает место евреев в семье народов: «В большинстве случаев с ним обращаются как с пасынком... права которого могут быть оспариваемы, и никогда — как с законным дитятей страны» [Там же: 153].

4.6. Признание нации другими

И Пинскер, и Хомяков утверждают, что любой представитель всякого народа воспринимается как человек, принадлежащий к определенной нации, вне зависимости от внешности. Оба видят вышесказанное в негативном ключе. О том, как русских воспринимают представители других народов, Хомяков говорит: «Русского, что бы он ни делал, как бы ни прикидывался иностранцем, узнают всегда» [Хомяков 1900–1906: 9]. Пинскер придерживается схожих взглядов касательно того, что евреи производят неприятное впечатление на представителей других наций: «Так как еврей нигде не бывает дома и нигде его не признают туземцем, он всюду остается чужим» [Пинскер 2008: 153].

4.7. Слабость национального самосознания у разных народов

И Пинскер, и Хомяков жалуются на слабость национального самосознания у своих соплеменников. Хомяков говорит об исчезновении национального самосознания в России: «По мере того как высшие слои [российского] общества... погружались все более и более в образованность, истекающую из иноземного начала... в высших сословиях проявлялось знание, но знание, вполне отрешенное от жизни» [Хомяков 1900–1906: 75]. Пинскер, в свою очередь, сетует на отсутствие национального самосознания у евреев: «Вы [евреи] презренны, потому что у вас нет самолюбия и национального самосознания. Национальное самосознание! Где же его взять? <...> Мы — стадо, рассеянное по всему лицу земли, лишенное защищающего нас пастуха» [Пинскер 2008: 157].

4.8. Отсутствие у нации самоуважения

Хомяков считает, что иностранцы презирают русских потому, что русские сами не испытывают к себе уважения. Он пишет:

Конечно, многие из наших путешественников заслужили похвалу и доброе мнение в чужих землях, но на выражение этого доброго мнения они всегда отвечали с добродушным сомнением, не веря сами своему успеху. <...> ...собственное признание в нашем духовном и умственном бессилии лишает нас уважения: вот объяснение всех отзывов Запада о нас [Хомяков 1900–1906: 33].

Пинскер также считает, что презрительное отношение других народов к евреям проистекает из отношения евреев к самим себе. Вот как он высказывается об отсутствии у евреев самоуважения:

Стремясь к сохранению нашего материального существования, мы, к сожалению, слишком часто были вынуждены игнорировать наше нравственное достоинство. Мы не замечали, что из-за этой недостойной (хотя и вынужденной) тактики мы все глубже падали в глазах наших врагов, все более становились предметом их презрения [Пинскер 2008: 158–159].

4.9. Необоснованные ожидания чуда: невмешательство в политику, пассивность, подчинение влиянию других

Хотим еще раз подчеркнуть: у нас нет конкретных доказательств того, что Пинскер читал труды русских философов: Бердяева[2], Хомякова, Чаадаева, других славянофилов. Однако русские философы постоянно публиковали свои статьи (и свои мнения) в тогдашней российской прессе. Их читали русскоговорящие интеллигенты; представители разных восточноевропейских этнических меньшинств, пытавшихся в тот период добиться независимости, воспринимали их взгляды, старались применить к своей ситуации.

Так, Бердяев пишет: «Ожидание социального чуда есть одна из слабостей русского народа, один из самых больших его соблазнов» [Бердяев 1970: 8]. Далее он продолжает в том же духе:

Россия — самая безгосударственная, анархическая страна в мире. Русский народ — самый аполитический народ, никогда не умевший устраивать свою землю. Все подлинно

---

[2] Николай Александрович Бердяев (1874–1948) — русский философ, моралист и богослов. Бердяев был сторонником и проповедником православного экзистенциализма и персонализма; см. [Marković 1978: 33 и далее].

русские, национальные наши писатели, мыслители, публицисты — все были безгосударственниками, своеобразными анархистами. Анархизм — явление русского духа [Бердяев 2004: 333].

Те же идеи Бердяев развивает еще в одной статье, озаглавленной «О "вечно бабьем" в русской душе»:

Великая беда русской души в... женственной пассивности, переходящей в «бабье», недостатке мужественности, склонности к браку с чужим и чуждым мужем. <...> Этим объясняется то, что русская государственность была так пропитана неметчиной и часто представлялась инородным владычеством [Бердяев 1989–1990, 3: 361–362].

Пинскер тоже часто обращается к этому предмету. Особенно подробно он останавливается на пассивности, вере в неотвратимость страдания, отсутствии у евреев должного чувства национального самоуважения:

Так, евреи, с одной стороны, вместо того чтобы хорошо обсудить свое положение и наметить соответственную рациональную *ligne de conduite*, апеллируют к вечной справедливости, воображая, что добьются чего-нибудь таким путем. <...> Вы презренны, потому что у вас нет самолюбия и национального самосознания [Пинскер 2008: 156–157].

Пинскер клеймит пассивность еврейского народа, существовавшую на протяжении многих поколений: «Когда нас унижают, грабят, разоряют, оскорбляют, мы не осмеливаемся защищаться и, что еще хуже, находим это в порядке вещей» [Там же: 160–161].

Аполитичность и пассивность евреев Пинскер приписывает их религии. По его мнению, именно из религии проистекает беспочвенная иллюзия того, что сам Бог помогает еврейскому народу:

К тому же вера во вмешательство высшей силы, которая поможет нашему политическому возрождению, мессианство и религиозное убеждение, что мы должны покорно переносить Богом наложенное на нас наказание, избавили нас от всякой заботы о нашем национальном освобождении, единении и нашей независимости. <...> И, таким образом, мы опускались все ниже и ниже. Лишенные отечества, мы забыли о нем. Не пора ли понять, как это для нас постыдно? [Там же: 163–164].

4.10. Бердяев о национальных правах русских и евреев

Философ Бердяев много пишет о национальных правах русских:

Вы готовы были признать национальное бытие и национальные права евреев или поляков, чехов или ирландцев, но вот национальное бытие и национальные права русских вы никогда не могли признать. <...> Вам нужно это «свободное самоопределение» как способ борьбы за ваши политические и социальные идеалы, отвлеченное равенство и абстрактную свободу, а отнюдь не за конкретное национальное бытие, национальный расцвет [Бердяев 1970: 72].

Как видно из этой цитаты, Бердяев был одним из немногих русских философов, хорошо относившихся к евреям. Он высказывал сочувствие к российским евреям и их сложной ситуации в изгнании. Бердяев пишет о недопустимости решения еврейского вопроса через ассимиляцию, отрыв евреев от их национальных свойств и традиций:

Но чувствуете ли вы [русские] «еврея», душу еврейского народа, проникали ли вы когда-либо в эти тайны, таинственные судьбы еврейства, восходящие к древним истокам человечества? Нет, ваша борьба за евреев не хочет знать их, не признает существования «еврейского». <...> Я глубоко чувствую еврея и еврейство, всю особенность и неповторимость еврейской судьбы, ее исключительность и непреодолимость. <...> Тайна всякого национального бытия заслуживает сочувствия [Там же].

4.11. Пути национального возрождения

Чаадаев также высказывается о необходимости для русского народа признать свою историческую миссию и судьбу: «Придет день, когда мы [русские] станем умственным средоточием Европы... и наше грядущее могущество, основанное на разуме, превысит наше теперешнее могущество, опирающееся на материальную силу» [Чаадаев 2016: 485]. Он продолжает в таком духе:

> Настоящая история этого [русского] народа начнется лишь с того дня, когда он проникнется идеей, которая ему доверена и которую он призван осуществить, и когда начнет выполнять ее с тем настойчивым, хотя и скрытым, инстинктом, который ведет народы к их предназначению [Чаадаев 1991, 1: 539].

В других своих трудах Чаадаев упоминает о всемирной исторической миссии русского народа. По его мнению, исполнение народом своей миссии — ключ к его возрождению:

> Россия, если только она уразумеет свое призвание, должна принять на себя инициативу проведения всех великодушных мыслей, ибо она не имеет идей, интересов, привязанностей и страстей Европы. <...> Россия слишком могущественна, чтобы проводить национальную политику; ее дело в мире есть политика рода человеческого. <...> Провидение создало нас слишком великими, чтобы быть эгоистами; оно поставило нас вне интересов национальностей и поручило нам интересы человечества... в этом наше будущее, в этом наш прогресс [Чаадаев 2016: 480; Замалеев 1991: 7–8; Каменский 1991: 9–14].

Нужно также отметить, что необходимость уяснить свое историческое предназначение является, пожалуй, одной из самых частых тем в русской философии. Даже В. И. Иванов (1866–1949), русский поэт куда более позднего времени, продолжает рассматривать возможные формы национального самоопределения русских. Он пишет: «[На рубеже веков] начался у нас внутренний процесс, истинный смысл которого заключается в усилиях самоопределения» [Иванов 1994: 361–362]. Пинскер же, в отличие от русских мыслителей, которых прежде всего волновала потребность русского народа в самоопределении и выполнении собственной всемирной миссии, в основном говорит о том, что еврейскому народу необходимо национальное возрождение. Он призывает евреев осознанно относиться к своей истории, которая представляет собой историю гонений; по этой причине им совершенно необходима собственная родина:

> Если национальные стремления некоторых возродившихся на наших глазах народов имели внутреннее оправдание, может ли возникнуть вопрос о праве евреев на возрождение? ...евреи имеют за собою свое прошлое, свою историю, свое общее определенное происхождение, свою неувядаемую жизненность, непоколебимую веру и свой беспримерный мартиролог, и более, чем перед какой бы то ни было нацией, согрешили пред ними все народы. Неужели всего этого недостаточно для того, чтобы признать их способными и достойными иметь свое отечество? [Пинскер 2008: 168]

Пинскер настаивает на том, что евреям не нужно ждать пришествия мессии — им необходимо самим заняться вопросом обретения своего отечества. Только в собственном отечестве еврейский народ может рассчитывать на возрождение и самоопределение:

> Если мы действительно будем заботиться о верном убежище, дабы положить конец вечному странствию и поднять нашу нацию, как в наших, так и в чужих глазах, прежде всего мы не должны мечтать о восстановлении старой Иудеи. <...> Не святая, а *собственная* земля должна быть предметом нашего стремления. Нам ничего другого не нужно, кроме полосы земли для наших бедных братьев, которая перешла бы в нашу собственность, с которой никакой чужой властелин не мог бы нас согнать [Там же: 171–172].

4.12. Заключение. Мировоззрение Хомякова, Чаадаева и славянофилов в сопоставлении с мировоззрением Пинскера

Как пишет в своей статье о Чаадаеве Д. Н. Овсянико-Куликовский[3], для русских формирование национального самосознания было прежде всего средством восстановления исконных духовных ценностей: «У нас в 30-х и 40-х годах очередной задачей интеллигенции была выработка не столько общественного, сколько национального самосознания» [Овсянико-Куликовский 1923–1924, 5: 38]. Образ будущей России и выражение ее истинных идеалов — темы, которые широко обсуждались на протяжении XIX века.

Чаадаев и славянофилы[4] верили в то, что колониальная зависимость от Европы, начавшаяся в эпоху Петра I, причиняет России духовные страдания. Выход из этой ситуации они видели в скорейшей отмене крепостного права (они называли это «эмансипация») и возвращении к допетровским формам православия. Славянофилы считали, что религия (в их случае православие) — это путь к освобождению русских людей. По сути своей мировоззрение их было мистическим и религиозным.

Западники также полагали, что крепостное право необходимо отменить, однако их мировоззрение было ориентировано на общественно-правовые, а не на нравственные вопросы. По их мнению, крепостное право было прежде всего архаическим и несправедливым общественным укладом, от которого необходимо отказаться.

Одновременно с ними еврейские мыслители, в основном сионисты, тоже искали способы определения образа и статуса своего народа. Публичный дискурс среди евреев (мы это видим по трудам Пинскера) часто сосредоточивался на национальной

---

[3] Дмитрий Николаевич Овсянико-Куликовский (1853–1920) — русский публицист, философ и исследователь.

[4] О противоречиях между философией Чаадаева и славянофилов см. [Гуревич-Лищинер 2006: 40–49, 213–220].

миссии еврейства и путях национального возрождения как способов выхода из рассеяния и восстановления статуса еврейского народа как независимой национальной общности.

Еврейские мыслители, в отличие от славянофилов, верили в то, что избыточная религиозность может послужить препятствием к эмансипации. Тем не менее они, подобно славянофилам и Чаадаеву, верили в особую сущность еврейского народа и выступали за то, чтобы попытаться ее сохранить.

Часть II

....

РУССКОЕ ИДЕЙНОЕ ВЛИЯНИЕ В ХУДОЖЕСТВЕННЫХ ПРОИЗВЕДЕНИЯХ НА ИВРИТЕ

....

Глава 5
Русский богословский роман и его идеологическое воплощение в литературе на иврите

В этой главе речь пойдет о русском богословском романе и его инкарнациях в современной литературе на иврите в форме романа на идеологические темы. Я утверждаю (и собираюсь доказать), что в рамках ивритской культуры, глубоко укорененной в еврейской традиции, нет места для богословского романа. На его месте возник идеологический роман, который был принят доброжелательно и широко.

5.1. Основные романные жанры в русской литературе XIX и XX века

Существуют несколько подходов к изучению русского романа XIX и начала XX века и несколько систем его категоризации, причем каждая основана на ином критерии, таком как композиция, стилистика, структура пространственного и временного континуума, тип нарратива, фигура нарратора и пр. Для нашего исследования удобнее воспользоваться разделением романного жанра по тематическому признаку. Можно выделить следующие основные типы:

а) роман героя, центральным для которого является фигура героя или антигероя, например «Герой нашего времени» М. Ю. Лермонтова (1814–1841);

б) роман социальной направленности, например «Путешествие из Петербурга в Москву» А. Н. Радищева (1749–1802);

в) роман об эпохе или роман воспитания, к которому относятся «Детство», «Отрочество», «Юность» Л. Н. Толстого (1828–1910) [Бахтин 1979б: 188–198];

г) богословский роман; к нему относятся романы Ф. М. Достоевского (1821–1881) и Л. Н. Толстого, содержащие обширный материал, частично беллетристический, частично нравственно-богословский [Бахтин 1979а: 89–115];

д) монологически-ассоциативный роман, который в литературоведении XX века принято называть «поток сознания», например «Моя золотая теща» Ю. М. Нагибина (1920–1994);

е) идеологический роман, к которому относятся «Что делать?» Н. Г. Чернышевского (1828–1889) и «Тихий Дон» М. А. Шолохова (1905–1984).

Многие романы представляют собой сочетание нескольких поджанров. Например, существуют романы, где присутствуют аллегорические, реалистические, символические, сюрреалистические или экзистенциальные элементы, которые, в свою очередь, могут сочетаться с элементами пародии, сатиры и юмора, как, например, в «Мастере и Маргарите» М. А. Булгакова (1891–1940)[1].

5.2. Богословский роман в русской литературе XIX и начала XX века

Богословский роман развивался в России во второй половине XIX и в первые десятилетия XX века [Brennan 1964: xi–xiv]. Он находится на грани между теоретическим исследованием и художественной литературой (с уклоном в сторону второй[2]). Речь идет о форме изящной словесности или литературы, включающей в себя богословские элементы [Еремеев 1990: 84–91].

---

[1] Ср. типологическую классификацию романов и их связи с философией [Bernstein 1984: 44–49]. См. также [Dumoulie 2002: 45–55; Smadja 2009: 211–215].

[2] О философии в романах начиная с XVIII века с философской точки зрения см. в [Hogan 2000: 44 и далее].

Изящная словесность, с одной стороны, и богословие, с другой, по-разному трактуют различные явления реальности, и в рамках того и другого возникают интерпретации и ценностные оценки, проистекающие из соответствующего подхода [Dumoulie 2002: 58–64; Warner 2009: 486–507]. Богословский роман является промежуточной формой, для которой прежде всего характерны попытки описывать всевозможные явления так, чтобы добираться до их природы и сути. Это свойство присуще в равной степени и богословию, и изящной словесности. Кроме того, для богословского романа характерно отношение к жизни как к неисчерпаемому источнику первичных сведений, служащих материалом для осмысления, как философского, так и литературного [Compagnon 1998: 19–21].

Богословский роман, что следует из самой его сути, задает основополагающие и самые общие вопросы, такие как существование Бога и божественного предопределения, природа Бога и божественная справедливость, а также вопросы экзистенциального характера, такие как, например, смысл человеческой жизни и отношения человека с Богом. В романе такого типа рассматривается следующее: религиозный уклад, ценность и необходимость понятий о нравственности, сущность человеческой свободы, отношения человека с жизнью и смертью, любовью, реальностью, другими людьми. Кроме того, в богословском романе могут присутствовать оценки разных религий, в нем часто проводят сравнения между ними, сопоставляют разных божеств, выбирают лучшего; рассматривают роль и функцию отдельного человека в контексте описываемых религий. К известным богословским литературным произведениям относятся «Война и мир», «Фальшивый купон» и «Отец Сергий» Л. Н. Толстого, «Преступление и наказание» и «Братья Карамазовы» [Jones 1975: 115–142; Cherkasova 2009] Ф. М. Достоевского, а также романы, в которых присутствует анархический или дуалистический взгляд на Бога, такие как «Бесы» и «Подросток» Достоевского или «Белая гвардия» и «Мастер и Маргарита» Булгакова. Например, в «Братьях Карамазовых» Достоевский утверждает, что бог коварен, несправедлив, зол, но ни мир, ни человечество не могут без него существовать. Если убрать Бога, мир развалится, жизнь на земле станет невыносимой. Более того, согласно Достоевскому, если человек уничтожит Бога, жизни на земле не будет вообще.

Задача богословского романа — заострить внимание на всевозможных явлениях жизни, добиться их осмысления и понимания. Он имеет умозрительный характер; решение обсуждаемых проблем должно помочь читателю выбрать собственный духовный путь, сформировать собственное мировосприятие. В таких романах присутствуют рассуждения о нравственности, автор склонен доискиваться до этического смысла всех вещей и даже придавать своему произведению дидактическое звучание. В подобном романе почти не остается места для юмора, фарса или авторской самоиронии, поскольку все это отвлекает от нравственного посыла и дидактического характера текста. В некоторых богословских романах присутствуют дидактические пассажи, где используются внятные и безоговорочные формулировки, что противоречит общей стратегии художественной литературы, где идеи представлены через образы. Тем не менее богословский роман тоже (и даже в первую очередь) является литературным произведением, где философские элементы вплетены в ткань художественного повествования [Бахтин 1975: 37–39].

В богословском романе внятно изложен целостный мировоззренческий подход; он представляет собой завершенную, строго организованную систему. Все изображенное в романе служит доказательством и очередным проявлением правоты взгляда, предложенного автором, и функционирует в качестве компонента внутри авторского богословского учения. Той же цели, в первую очередь философской, служат и чисто литературные приемы. Хотя такой роман и можно рассматривать как беллетристическое произведение, случается, что изложение религиозных и этических постулатов начинает доминировать над поэтикой, каковая является необходимым элементом художественной литературы. Персонажи такого романа часто становятся всего лишь глашатаями авторского мировоззрения [Jones 1975: 180–206].

Богословский роман во многих случаях строится на реалистическом, реально имевшем место событии, задача автора сводится к его описанию, пояснению и толкованию. Важнейшую роль в богословском романе играет умозрительная ценность авторской мысли. Внутри этих рамок автор может проявлять свои таланты в сфере толкования изображаемых событий, при этом эмоциональная, развлекательная и эстетическая ценность текста имеют второстепенное значение. Богословский роман тяготеет к реализму; особый акцент делается на духовную ценность изображаемого (в противоположность его поверхностной ценности).

В богословском романе используются специфические литературные приемы, необходимые для выражения его идейного содержания. Примерами могут служить «тексты в текстах»: письма, дневники, статьи, лекции или литературные произведения персонажей, в которых они связно и внятно излагают свое мировоззрение, тем самым помогая автору донести до читателя нужный смысл.

По ходу развития действия автор может высказывать собственное мнение любым выбранным им способом: через содержание, структуру, композицию. Однако, вне зависимости от используемых приемов, роман представляет собой целостную, замкнутую на себе систему, которая обладает внутренним единством и выражает, пусть и не напрямую, мировоззрение автора. К примеру, Бахтин отмечает множество таких тенденций в романах Достоевского «Преступление и наказание» и «Братья Карамазовы», содержащих многочисленные богословские элементы: персонажи совершают действия, предполагающие наличие у них внутренних противоречий; их мысли, побуждения и образ жизни несовместимы между собой. Их раздирают тяжелые внутренние конфликты, они бросаются из одной крайности в другую, противоположную, тем самым действуя вразрез с собственной природой. Любой такой персонаж говорит множеством несовместимых голосов, которые постоянно меняются, противореча друг другу [Бахтин 1979a: 32–52]. Так, в Раскольникове сосуществуют фигура наполеоновского толка, продукт его воспаленного воображения, а также характеристики мессии, святых, Иисуса и Бога, и все это соседствует с Иудой Искариотом, презренным предателем, убийцей и маргиналом. Раскольников одновременно преступник, жертва, следователь и судья собственного преступления. Он мечется между рациональным, эмоциональным и импульсивным подходами, испытывает психологические муки и ищет собственный путь в жизни. Однако все эти элементы и тенденции делаются объяснимыми в свете глубокого и основательного богословского фундамента романа. Фигура Раскольникова, равно как и других персонажей романа, воплощает в себе сложность и хаотичность окружающей реальности, возникающие в ней экзистенциальные дилеммы и теоретические философские вопросы, которые требуют прояснения, при этом, несмотря на все противоречия, в итоге образ Раскольникова становится выразителем экзистенциального мировоззрения автора.

То же справедливо и касательно сюжетов «Преступления и наказания» и «Братьев Карамазовых». Большое количество на первый взгляд ненужных второстепенных сюжетных линий отражает сложность человеческого бытия. Смесь разнообразных идейных и беллетристических компонентов служит иллюстрацией философского постулата автора и в конечном итоге позволяет ему достичь четко сформулированной целостности и единства, которые отражают в себе экзистенциальные взгляды Достоевского на то, в какой степени человек является хозяином своей жизни и жизни окружающих и как до́лжно относиться к различиям между естественной верой человека и общепринятыми религиозными установлениями, а также на иные этически значимые вещи.

Для богословского романа естественно пытаться осмыслить духовную сторону жизни во всей ее неоднозначности, противоречивости, связности и хаотичности, но все это должно одновременно укладываться в рамки единой, гармоничной, целостной системы. В богословском романе находит отражение все абсурдное, парадоксальное, дикое, бессмысленное и нелогичное, что есть в жизни, при этом повествование выстроено так, чтобы читатель видел конкретную и самодостаточную философскую точку зрения.

5.3. Богославский роман в сравнении с идеологическим романом в литературе на иврите

В современной литературе на иврите паттерны русского богословского романа трансформировались и развились в идеологический роман. Тому было две причины. Первая — историческая: роман на иврите возник и начал развиваться примерно тогда же, когда и еврейский национализм, он был частью этого нового течения. Идеологический роман являлся органичной частью литературы того времени [Shapira 2010: 19–26]. Вторая причина состоит в еврейской религии: с момента зарождения романов на иврите в конце XIX века и до холокоста в них почти никогда не ставились вопросы теологического или экзистенциального толка, то есть связанные с существованием, сущностью или природой Бога. Они оставались за рамками литературы на иврите, поскольку иудаизм дал на них ответы задолго до зарождения и формирования ивритской светской литературы. В еврейской культуре не было места для подобных вопросов, поскольку их уже разрешила и продолжала разрешать традиционная религиозная литература. Более того, она давала куда более взвешенные, подробные, убедительные и авторитетные ответы, а светская литература была на это неспособна. В результате уровни дискуссии на тему о богословских вопросах в религиозной и светской литературе были несопоставимы, религиозная литература сильно обогнала светскую.

Кроме того, статус светской литературы в еврейской культуре был далеко не таким прочным и самоочевидным, как в других, особенно если проводить сравнение с русской литературой, которая прежде всего и была носителем богословского романа. Так, в XIX и в начале XX века русская литература считалась (внутри русской культурной орбиты) своего рода путеводной звездой для широкой публики, писателей часто приравнивали к пророкам. В то же время в рамках традиционного религиозного еврейского общества, которое и составляло большую часть еврейской читательской аудитории, авторы светских произведений пользовались репутацией людей, занимавшихся некой табуированной деятельностью. Светские тексты не просто слыли своего рода ересью — даже на чтение светской литературы смотрели неодобрительно. Если русские писатели высказывались на религиозные темы, их мнение воспринималось не только как заслуживающее внимания, но и порой как взгляд авторитетных духовных наставников. Наоборот, если кто-то из авторов светских произведений на иврите начинал рассуждать на подобные темы, их слова воспринимались как недостойные внимания, провокационные, ненужные и, как правило, вызывали реакцию, строго противоположную желаемой[3]. В результате эти писатели могли рассчитывать только на то положение, которое им дозволено было занять внутри еврейской культуры, а именно идейных наставников (в противоположность богословским).

Вслед за теми евреями, которые отходили от религиозного образа жизни и обращались к светским идеологическим вопросам, и литераторам запрещалось заниматься вещами, которые считались относящимися к области религии. Вместо этого (за отсутствием иного выхода) еврейская литература обращалась к вопросам идеологии. В светских еврейских сообществах создавались всевозможные идеологические доктрины, основывались организации и партии, что, в свою очередь, находило отражение в литературе, которую создавали светские авторы, вышедшие из той же среды.

Обобщая, можно сказать, что в еврейском романе обсуждались более прагматические и стратегические темы, такие как поиск национального и политического пути.

В этой связи попытки создания богословского романа в литературе на иврите были немногочисленными и безуспешными. Вместо этого возник идеологический роман, причем вскоре после появления русского богословского романа и в значительной степени в подражание последнему.

---

[3] См. главы о влиянии Толстого на Хазаза в моей книге [Lapidus 2003: 111–133, 134–154]; см. также мою статью про другие русские влияния на Хазаза [Lapidus 1998].

5.4. Богословские повести в литературе на иврите: «Шмуэль Франкфуртер» Хазаза

Одним из ведущих писателей среди тех, кто пытался создать богословский роман в литературе на иврите, был уроженец Украины Х. Хазаз (1898–1973). Его повесть «Шмуэль Франкфуртер»[4] можно считать единственным богословским произведением в современной литературе на иврите. Действие происходит в еврейском местечке, где говорят на идише, в западной части России; в нем описывается жизнь заглавного персонажа. Сюжет разворачивается в начале 1920-х годов, в разгар Гражданской войны и противостояния белой и Красной армий, которое закончилось установлением в России коммунистического правления на следующие почти 70 лет. Красные и белые с одинаковой жестокостью относились к евреям, истребляя одну общину за другой[5].

Главный герой повести, Шмуэль Франкфуртер, — еврейский интеллигент, большой эрудит, человек высокой духовности. Он приходит к выводу, что ни иудаизм, ни коммунизм не способны даровать воздаяние, на которое рассчитывает каждый человек. По всей видимости, в этом выводе отражено разочарование самого автора как в традиционном иудаизме, так и в коммунизме. С первым он был знаком не понаслышке, поскольку вырос и получил образование в традиционной еврейской среде, а опыт знакомства с коммунизмом приобрел в зарождающемся Советском Союзе.

---

[4] Первый вариант повести «Шмуэль Франкфуртер» был опубликован в журнале «Хатекуфа» в 1924 году. Окончательный вариант вышел уже после смерти автора (в 1980 году) в сборнике его повестей «Главы революции» («Pirkei ha-mahafekha»).

[5] Гражданская война в России (1918–1920) представляла собой ряд вооруженных конфликтов между различными политическими, национальными и общественными силами; она началась на территории бывшей Российской империи после большевистской революции 1917 года. По сведениям, которые приводит историк О. В. Будницкий, только на Украине с 1920 по 1921 год произошло свыше 1500 погромов в 1300 местах, было убито 200 000 евреев, примерно столько же ранено и изувечено [Будницкий 2005: 7, сн. 2].

Шмуэль Франкфуртер пытается создать религию нового типа, в которой сочетались бы элементы самых разных доктрин: традиционного иудаизма, раннего христианства и толстовства[6]. Он не готов отказаться от иудаизма, свое еврейство ощущает каждой жилкой тела, но при этом усматривает в раннем христианстве и толстовстве ценности, которых нет в иудаизме, но которые (в его глазах) имеют первостепенную важность. К этому относится непротивление злу насилием, готовность пожертвовать собой ради ближнего или своего идеала, мученичество. Практики иудаизма Франкфуртер также считает несовершенными: в них слишком много вседозволенности, их надлежит сделать строже и жестче. Например, он считает нужным ввести определенные аскетические и монашеские практики — отказ от отношений с женщинами, употребления в пищу плоти живых существ, пьянства, бритья бороды и стрижки волос. Жизнь, основанная на законах природы, любви к ближнему, самопожертвовании ради других, готовности подставить вторую щеку, — такова основная составляющая новой религии, которую придумал Шмуэль Франкфуртер. Самого себя он считает не только основателем новой религии, которая в будущем приведет человечество к спасению, но и святым, подлинным мессией. И сам Франкфуртер, и его приверженцы постепенно приходят к выводу, что именно о нем и говорилось в новозаветных пророчествах касательно пришествия мессии. Для них это убедительное доказательство того, что религия его истинна и исходит от самого Бога.

Шмуэль Франкфуртер собирает вокруг себя сторонников этого нового учения, дабы распространять его в народе и тем самым добиваться совершенства мира и создания идеального утопического общества на земле. Но в его план вмешиваются

---

[6] Толстовство представляло собой утопическое религиозное учение, широко распространившееся в России в конце XIX — начале XX века. Возникло оно в 1880-е годы под влиянием религиозной и философской доктрины Л. Н. Толстого. Толстовцы верили, что изменений в обществе можно достичь через индивидуальное религиозное и нравственное самосовершенствование; они выступали за всеобщую любовь и непротивление злу насилием. Тем не менее значительного влияния на положение в России толстовство не оказало, а после революционных событий 1917 года сошло на нет; см. [Гудзий 1960].

внешние обстоятельства: Гражданская война и погромы, которые она с собой приносит. Россию раздирают на части конфликтующие группировки, преисполненные взаимной ненависти и жажды крови. Единственное, что между ними есть общего, — застарелая ненависть к евреям и стремление им вредить.

У повести два разных финала, оба трагические. В одном варианте Шмуэль Франкфуртер становится заведующим сиротским приютом в еврейском местечке: бывший директор и сотрудники бросили детей при приближении белой армии к территории, ранее находившейся под контролем красных. Войдя в местечко, белогвардейцы убивают всех его обитателей, подозревая их в содействии красным. Они не щадят даже сирот из приюта — те гибнут вместе со Шмуэлем Франкфуртером. Во втором варианте следы Шмуэля Франкфуртера просто теряются во время боев между белыми и красными.

В повести представлена новаторская, пацифистская религиозная платформа, которая обещает своим последователям, что они обретут истинного Бога, приблизятся к его мессии, духовному возвышению и спасению от мирских страданий. В этой повести Хазаз радикально отходит от традиционного иудаизма в сторону раннего христианства и религиозного учения Толстого, который несколько раз упомянут в книге как по имени, так и под своими религиозными псевдонимами.

Повесть «Шмуэль Франкфуртер» не встретила теплого приема у еврейской читательской аудитории: ее сочли странной и чуждой. И рецензенты, и исследователи дружно игнорировали этот текст. Помимо своих книг и статей, я не знаю других работ, посвященных этой повести [Lapidus 2003]. Ей не суждено было продолжение, ни литературное, ни идеологическое.

5.5. Идеологические элементы в прозаических произведениях на иврите XIX и начала XX века

Идеологический роман, в отличие от богословского, не был чужеродным элементом для литературы на иврите на раннем этапе ее развития; кроме того, нельзя утверждать, что родилась она только потому, что впитала русское влияние. Уже во второй половине XIX века, в эпоху Хаскалы, ивритоязычные писатели начали включать в свои тексты фрагменты идеологического характера, пользуясь для этого разными методами и приемами. К таким включениям относились предисловия и введения, написанные самими авторами. Их помещали в начале романа или некоторых глав. Эта практика была особенно характерна для романов, написанных деятелями Хаскалы, в силу дидактичности их текстов; тот же прием был использован в произведениях нескольких родившихся в России авторов, писавших на иврите, таких как А. К. Мапу (1808–1867) и П. Смоленскин (1842–1885), а также выходца из Литвы романиста Р. А. Бройдеса (1852–1902)[7]. Есть также случаи, где фрагменты идеологической направленности включены в текст романа в качестве отдельных риторических блоков внутри дискурса (в форме разговоров персонажей) или вплетены в ткань текста в форме мыслей либо впечатлений, занесенных в частный дневник персонажа.

Из этих примеров явствует, что приемы включения идеологического компонента в нарративный процесс многочисленны и разнообразны; помимо выражения собственно идей, они выполняют еще и добавочные функции.

В более поздний период подобные интегрированные фрагменты появятся в романах писателя, родившегося в России и творившего на иврите, — Й. Х. Бренера (1881–1921). Он явно находился под влиянием русского романа XIX века, его специфических форм и идейной направленности, например творчества ведущих русских писателей: Достоевского[8] и Толстого [Lapidus 2008]. Бренер восхищался философскими и богословскими произведениями Достоевского и Толстого, хвалил их, делал переводы [Lapidus 2003: 10–25; Lapidus 2008]. Под влиянием двух этих гигантов русского духа Бренер также писал произведения, где речь

---

[7] О подходе к философским вопросам на начальном этапе см. [Alter 1988: 71–72].

[8] См. главу о русских влияниях на Бренера в моей книге [Lapidus 2003: 10–25], а также в статьях [Lapidus 1985; Lapidus 1993b].

шла о мире идей, однако, в отличие от Достоевского и Толстого, включавших в свои тексты богословские элементы, он работал с идеологическими элементами.

Бренер привносил идеологические элементы в свои тексты через полемический диалог. В романе «Вокруг точки» идеологический аспект воплощен в горячем споре между Яковом Абрамсоном, персонажем, с которым идентифицируется автор, и его подругой Хавой. Яков принимает решение писать журнальные статьи на иврите, что и делает с большим энтузиазмом. Однако и еврейский национализм, и иврит чужды Хаве, она откровенно предпочитает пользоваться русским. Обсуждение, где высказываются две противоположные точки зрения, безусловно, влияет на отношения между героями [Brener 1960–1978, 1: 469–473].

В текст более позднего романа Бренера «Отсюда и оттуда» (1911), который был написан в Палестине в период Второй алии (около 1905), идеологические элементы включены радикально иным способом, а именно в форме обсуждений и размышлений, связанных со взглядами сионистов и с возможностью их воплощения в жизнь в зарождающейся еврейской общине догосударственной Палестины [Brener 1911]. И здесь эти фрагменты текста построены в форме дебатов между персонажами, которые невольно оказываются рядом, когда дожидаются открытия библиотеки в Иерусалиме, а также в форме документальных вставок, отобранных Бренером [Brener 1960–1978, 2: 1293–1294, 1321–1322, 1344–1346, 1375–1378, 1430–1436]. Кроме этого, в «Отсюда и оттуда» Бренер использует полифонию жанров: он включает в текст письма, доклады и даже цитаты из статей, посвященные конкретным вопросам, связанным с переселением в Палестину. Бренер не прибегает к интеграции идей психологическими и диалогическими способами — он использует документальный метод, который становится одним из доминирующих элементов текста.

В этих романах Бренера богословский аспект отсутствует начисто, зато автор включает в текст идеологические представления, используя самые разные литературные приемы.

5.6. Тенденция замещать богословские мотивы идеологическими в поэзии на иврите

Замену богословских элементов, свойственных русской литературе, идеологическими мы видим не только в романах, но и в стихах на иврите. Русские поэты писали стихи на богословские темы. В них, к примеру, обсуждались такие темы, как природа Бога, отношения между Богом и верующим, отношение человека к Богу и ценность человеческой жизни в свете веры в Бога. В качестве примера можно взять стихотворение М. Ю. Лермонтова «Выхожу один я на дорогу...» [Лермонтов 1958, 1: 543–544], которое можно назвать одним из самых проникновенных рассуждений на тему русской поэзии и природы[9]. Лирический герой выходит из дома тихой туманной ночью, смотрит в бескрайнее небо, на мерцающие звезды и воображает, что весь мир повернулся к Богу. Он описывает красоту ночи, зачарован великолепием Божьего творения, и к нему с удвоенной силой возвращается желание жить и чувствовать. Для него встреча с безмятежной и древней мощью природы является встречей с Богом. Она дарует ему спокойствие, удовлетворение, забвение. Встреча с Богом подобна встрече с заботливым отцом, который берет говорящего под свое крыло.

Подлинное религиозное чувство Лермонтов также описывает и в стихотворении «Когда волнуется желтеющая нива...» [Там же: 421]. Лирический герой пребывает в подавленном состоянии, задумывается о самоубийстве [Milner-Gullard 1991: 79–88], однако созерцание великолепного умиротворяющего пейзажа убеждает его в существовании Бога. Он утешается верой во Всевышнего, подавленность проходит, он испытывает счастье:

> Тогда смиряется души моей тревога,
> Тогда расходятся морщины на челе, —
> И счастье я могу постигнуть на земле,
> И в небесах я вижу Бога...

---

9 О природе как символе взаимосвязи между человеком и Богом в поэзии Лермонтова см. [Максимов 1964: 97–98].

Как видно из этих двух стихотворений Лермонтова, эмоциональное и психологическое благополучие лирического героя зависит от того, признает ли он существование благого божества, под чьей защитой находится. Бог — это альтер эго героя, отношения с ним дарят герою желание жить и поддерживать связь с реальностью [Максимов 1969: 127–147]. Связь с богом — залог естественного и физического существования героя.

Лермонтов оказал сильное воздействие на поэзию на иврите [Kopelman 2003], но особенно интенсивным и даже решающим было его влияние на еврейского национального поэта Х. Н. Бялика [Nathan 1986; Nathan 1990; Nathan 1993]. Бялик никогда не писал ни о каких свойствах Бога и об отношении поэта к Богу, однако многие его стихи посвящены теме национального характера, причем конкретно еврейского народа. Бялик критикует действия глав еврейских общин Восточной Европы, стандартное поведение евреев перед лицом антисемитизма, присутствующего в чуждом им окружении, тактику и стратегию еврейской жизни в Российской империи. Он написал такие стихи, как «В городе резни» [Bialik 1965b: 350–360], в которых оплакивал горькую участь евреев, пострадавших в Кишиневском погроме 1903 года. Бялик глубоко возмущен поведением евреев в ходе погрома, предвещает еврейскому народу еще более жуткое будущее, если он радикально не изменится, не сменит пассивность и всеприятие на поведение, достойное нации, готовой за себя постоять. Подобным же образом в рассказе «Искаженного не поправишь» [Bialik 1965c: 175–179] он выражает целую гамму отрицательных чувств: потрясение, боль, горе и отвращение — в качестве реакции на поведение некоего еврея, на первый взгляд умного и чуткого человека, который проявляет трусость в ответ на насильственные действия в его адрес.

Только в стихотворении «Всех их ветер унес, всех их день веселит...» [Bialik 1965a: 141–142] (пер. В. Брюсова, цит. по: [Юзефович 2010: 101]) есть косвенная отсылка к Божественному присутствию (шехине[10]). Бялик пишет:

---

[10] Шехина / шхина (ивр. «присутствие; пребывание; проживание») — термин, обозначающий присутствие Бога. Понятие о шхине возникло в талмудическом иудаизме.

Всех их ветер унес, всех их день веселит,
Новой песней зари разметав, и единый,
Нежный, слабый птенец, я остался, забыт,
Под крылом у Шехины.

Впрочем, в этом стихотворении Бялик, разумеется, говорит не о еврейском боге. По сути, он жалуется на то, что люди вокруг него, следуя моде, уходят от традиционной еврейской культуры к более прогрессивным вещам, один он остается верен своему предназначению — взращивать еврейскую словесность. Даже в этом стихотворении, единственном из всех произведений Бялика, где есть что-то выходящее за рамки человеческого мира, он говорит не о Боге, а о мире еврейской культуры.

5.7. Идеологический роман в русской литературе и литературе на иврите в первой половине XX века

В 1920-е годы и в последующий период популярность богословского романа в русской литературе стала падать, в результате он почти полностью сошел с литературной сцены. Основными причинами, которые объясняют это явление, стали Октябрьская революция 1917 года, появление социалистического реализма[11] и Вторая мировая война.

После Октябрьской революции появились мыслители и писатели-атеисты. Прямым следствием этой трансформации стал социалистический реализм, новый стиль в литературе, который в 1932 году на страницах «Литературной газеты»[12] был провозглашен М. Горьким[13] официальной нормой. Это означало, что с этого момента, согласно указу сталинского правительства, все

---

[11] Социалистический реализм — разновидность реалистического искусства, возникшая в СССР и на протяжении почти 70 лет пользовавшаяся там официальным признанием. Целью социалистического реализма было продвижение социалистической и коммунистической повестки.

[12] Максим Горький — псевдоним Алексея Максимовича Пешкова (1868–1936), русского писателя и политического деятеля.

[13] «Литературная газета» — еженедельная газета, выходившая в России и СССР.

произведения литературы должны были быть идеологически взвешенными и отражать четкую, однозначную и неколебимую коммунистическую позицию.

Вторая мировая война, начавшаяся в 1939 году, окончательно положила конец богословскому роману в русской литературе. Физическое уничтожение и психологическое потрясение, которые стали уделом населения СССР в ходе Великой Отечественной войны 1941–1945 годов, не позволяли писателям поднимать в своих произведениях теоретические и гипотетические философские темы. Зато победа Красной армии и советского народа над нацизмом придала дополнительную значимость коммунистическому идеологическому роману. Это внесло решающий вклад в расцвет и укрепление идеологического романа в русской литературе, а через ее влияние способствовало развитию идеологических тенденций в литературе на иврите.

В первой половине XX века и особенно ближе к его середине идеологические романы, которые писали в подмандатной Палестине, а потом в первые годы существования государства Израиль, продолжали развиваться и процветать, обретая все более изощренную и продвинутую литературную форму. Теперь идеологические фрагменты уже не монтировались в текст романа в форме монологов, диалогов или писем, как это было в конце XIX века. Прежние приемы были признаны слишком простыми и схематичными. Ныне идеологические рассуждения вставлялись в текст романа не столь искусственным образом, а монтировались в образы персонажей.

В 1960-е и 1970-е годы идеологический роман на иврите все еще находился на пике, в этом жанре работали крупнейшие писатели. Так, Хазаз, когда-то предпринявший попытку написать богословскую повесть, в итоге обратился к идеологической прозе. В его романе «Река течет»[14] описана горькая участь моло-

---

[14] Роман «Река течет» был сперва опубликован в сокращенном варианте под названием «Из того и этого» в журнале «Хатекуфа» [Hazaz 1924: 7–32]. Расширенный переработанный вариант был впоследствии опубликован как [Hazaz 1970: 164–263], перепечатан в [Hazaz 1980: 11–111].

дого еврея-коммуниста Хениха, который жертвует собой ради победы коммунистической революции в России, но ничего не получает от этой жертвы. Коммунизм в этой повести изображен как разочаровывающая, обманчивая иллюзия.

Однако вскоре после высочайшей точки расцвета появились признаки того, что идеологический роман на иврите постепенно сдает позиции. Отчетливее ослабление его позиций стало ощущаться позднее, в конце 1970-х и в начале 1980-х годов. С этого времени идеологический роман на иврите находится в состоянии непрекращающегося упадка, как в смысле тиражей, так и в смысле читательского признания.

Эта тенденция проявилась с особой яркостью в конце 1980-х годов, с выходом «Русского романа» израильского писателя М. Шалева (1948–2023) [Shalev 1989]. В романе пародируется сионистская идеология, которая (в изображении автора) находилась под сильным влиянием русской коммунистической идеологии. Повествование ведется от лица молодого человека Баруха Шингара. Его дедушка, Яков Миркин, пересказывает историю своей семьи в подмандатной Палестине, куда отец семейства Миркиных приехал из России в первые годы XX века. Поначалу он нанимался работником на разные фермы, потом обосновался на собственном наделе и основал небольшое сельскохозяйственное поселение. В этом будто воплотился классический сионистский миф.

В романе оспариваются представления о внутреннем мире еврейских поселенцев в Палестине, какими они виделись в общественно-политических кругах 1950-х и 1960-х годов, когда, через много десятилетий после эмиграции, люди продолжали жить в соответствии с понятиями и стандартами, давным-давно существовавшими в России. Например, сетует Шалев, они переняли манеры простых русских людей, которые двести лет назад пресмыкались перед придворными аристократами. Этот подход выглядит смехотворным на фоне образа современных поселенцев-сионистов, якобы уверенных в себе и гордых, идеологически подкованных новых евреев. Столь же смехотворны, в силу своей гротескности, политические дебаты между старыми организациями переселенцев, которые вдруг всплыли на свет почти полвека спустя после роспуска и прекращения своей деятельности [Там же: 204–205].

В некоторых случаях насмешки автора над поселенцами приобретают особенно хлесткую и сардоническую форму мрачного черного юмора. Например, во время застолья сплетни по поводу смерти одной старухи, то ли естественной, то ли «спровоцированной», в итоге портят всем аппетит. Поведение якобы идеологизированных, принципиальных и героических поселенцев предстает жалким и едва ли не криминальным [Там же: 202]. В результате традиционная форма идеологического романа подвергается осмеянию: героические персонажи предстают жалкими, взгляд самого автора становится гротескно-предвзятым, сюжет состоит не из достижений, а из ужасов и загадок. Жизнь переселенцев превращается в занимательный фарс.

Как и во многих других случаях в истории литературы, конечный этап существования определенного направления в литературе был ознаменован появлением пародий на него. То же самое произошло и с идеологическим романом на иврите: вестником его гибели стал роман, написанный как пародия. Как оно обычно бывает с сатирой и пародией, в «Русском романе» нет притязаний на изложение некой доктрины; задача автора скорее состоит в том, чтобы осмеять тех, против кого направлен его текст. Мишенями для него служат одновременно и содержание идеологического романа на иврите, и его общепринятые стилистические каноны. Текст Шалева ознаменовал конец эпохи существования идеологического романа на иврите [Alter 1997: 25–28].

5.8. Заключение

Богословский роман занимает почетное место в истории русской литературы; пик его развития пришелся на последнюю четверть XVIII и на весь XIX век. В силу самой своей сущности богословский роман содержит рассуждения религиозного толка; обращается к животрепещущим темам, таким как отношения человека с Богом; задается вопросами касательно самого Бога, его сущности и атрибутов; проясняет, следует ли вообще верить в Бога, если да, то в какого.

Развитие еврейской литературы проходило иначе: она миновала стадию богословского романа, место которого занял идеологический роман. Богословский роман, который по самой своей сути занят поиском ответов на вопросы, каковые поднимает религия, не смог выжить в контексте еврейской культуры, поскольку религия в еврейской культурной среде находилась в положении высшего авторитета и функционировала соответствующим образом. Непредставимо, чтобы автор-еврей, пишущий еврейский роман, создал героя-еврея, который верит в принципы чужой религии или, как вариант, пытается создать новую религиозную секту, отступающую от традиционного иудаизма. Еврейский читатель не смог бы идентифицироваться с таким героем. Границы, в которые еврейская традиция помещала ивритоязычного писателя (следовательно, и персонажей прозы на иврите), были достаточно узкими, сковывали свободу.

Если же писателю-еврею нужно было рассмотреть общепринятые принципы еврейской теологии или даже взбунтоваться против них, он мог отказаться от соблюдения заповедей иудаизма, но никогда бы не присоединился к другой религии, вере или философии. Такой поступок сделал бы его вероотступником — человеком, к которому читатель относился бы отрицательно и презрительно.

Писатель-еврей мог в большей или меньшей степени быть богобоязненным иудеем. В любом случае еврейской литературе было позволено вращаться только по орбите, пролегающей между соблюдением всех канонов иудаизма и сбрасыванием ярма заповедей. Ей не дозволено было сходить с этой орбиты, изобретать или принимать для своих персонажей другую религию.

В узком промежутке между ортодоксальной набожностью и светскими, но все же еврейскими взглядами места хватало только для идеологических движений, которые пытались отыскать правильный культурный, общественный и политический путь, в противоположность поискам религиозного пути, которые были чужды еврейской литературе и культурной среде. Вместо этого в текстах обсуждались идеологические вопросы, связанные с отношениями между разными еврейскими культурами, например со спорами между культурой на иврите и на идише, с отношениями между евреями из Эрец-Исраэль[15] и диаспоры и т. д. Все эти факторы привели к возникновению в еврейской литературе идеологического романа и воспрепятствовали зарождению и развитию еврейского богословского романа в русском стиле, невзирая на то что русское влияние на еврейскую литературу было решающим и всеобъемлющим.

Впрочем, во второй половине XX века, особенно после холокоста[16], еврейская литература перестала прислушиваться к строгому, устанавливающему постоянные запреты голосу еврейской религии и часто осмеивала ее в безжалостных пародиях. Получается, что еврейская литература одновременно и презирает еврейскую традицию, и продолжает соблюдать ограничения, проистекающие из еврейских религиозных понятий. Пользуясь терминологией Г. Блума [Bloom 1975], можно сказать, что между светской еврейской литературой второй половины XX века и еврейской религией существуют своего рода «фрейдистские семейные» отношения. Еврейская литература ненавидит еврейскую религию, свой источник и великую «родительницу», но при этом не способна от нее обособиться.

---

[15] Земля Израильская (ивр. Эрец-Исраэ́ль), также Земля обетованная, историческая родина еврейского народа.

[16] Холокост (1933–1945) — термин, которым обозначают систематическое уничтожение европейского еврейства нацистами до и во время Второй мировой войны. Во время холокоста было уничтожено более 6 млн евреев, что составляло более 30 % от еврейского населения в мире.

Глава 6
Поэма «Песни славы» Н. Г. Вессели

6.1. Введение. Непреднамеренный пародийный эффект от смешения литературных жанров с религиозным пафосом

Идеи из мира русских и европейских гуманитарных знаний и культуры проникали в самые разные сферы еврейского мира. Выше я уже говорила об этих влияниях в сфере идеологии и религии. Разумеется, идеи эти далеко не всегда усваивались в точном соответствии с русским или европейским оригиналом. Часто их адаптировали к потребностям мира еврейских гуманитарных знаний и культуры.

В этой главе речь пойдет о тех влияниях, которые еврейское гуманитарное знание в целом и литература в частности почерпнули из романтизма [Ferber 2010]. Романтизм возник в Европе, прежде всего в Германии, в конце XVIII — начале XIX века, а оттуда распространился в другие страны, в том числе в Россию [Safranski 2014]. Романтические влияния проникали в мир еврейской словесности как напрямую из Европы, так и через Россию.

Романтизм оказал масштабное и значимое воздействие на литературу, по сути, на все литературы Европы и России [O'Neil, Sandy 2006; Casaliggi 2016]. Первым поэтом, который создал на иврите литературное произведение в духе романтизма, стал Н. Г. Вессели. Он написал эпическую поэму под названием «Песни славы» («Shirei Tif'eret»). Она увидела свет тогда, когда романтизм был уже повсеместно известен и прочно прижился в литературах Европы и России; в сравнении с романтическими произведениями, которыми могли похвастаться эти литературы, «Песни славы» выглядели довольно наивно и незамысловато.

В этой главе я буду сравнивать «Песни славы» с произведениями того же типа из европейских и русской литератур, дабы прояснить идеологические и стилистические свойства этой поэмы.

6.2. Жанровые свойства «Песен славы»

«Песни славы» Вессели — первая эпическая поэма на иврите. Она многократно рассматривалась в историографии литературы Хаскалы. Изучались ее различные свойства, например тематические связи с Библией и мидрашами[1], идеологическая направленность (проявившаяся, помимо прочего, во множестве крылатых выражений, которые были характерны для литературы Хаскалы того времени), анализ стихотворного размера, который использует Вессели, лингвистические аспекты[2]. Кроме того, почти все исследователи обращались к теме внешних литературных влияний, которые в «Песнях славы» очевидны. Сразу несколько исследователей отметили влияние на Вессели трактата «О духе еврейской поэзии» («Vom Geiste der Hebräischen Poesie», 1783) И. Г. Гердера (1744–1803). Последний считал, что еврейскому поэту надлежит создать эпическую поэму, посвященную Моисею и исходу из Египта [Herder 1782, 2: 75]. Историк Генрих (Цви Хирш) Грец в своей фундаментальной истории еврейского народа пишет о влиянии на Вессели (возможно, в качестве источника вдохновения) эпической поэмы «Мессиада» немецкого поэта Ф. Г. Клопштока[3] [Klausner 1960, 1: 119].

---

[1] Мидраш (ивр. «изучение, толкование») — толкования еврейской религиозной литературы первых веков нашей эры.

[2] См. также о свойствах и характеристиках жанра традиционного эпоса [Foley 1990: 8–19; Hardie 1993].

[3] Фридрих Готлиб Клопшток (нем. Friedrich Gottlieb Klopstock; 1724–1803) — один из важнейших немецких поэтов. Наиболее известен как автор эпической поэмы «Мессиада».

Сведения касательно возможных внешних воздействий и источников вдохновения повлияли на то, как «Песни славы» оценивались в историографии литературы еврейского Просвещения (Хаскалы). Исследователь еврейской литературы Иерухам Фишл Лаховер [Lachover 1936, 1: 71–72] считает «Песни славы» эпической поэмой, которая не полностью соответствует требованиям жанра. Так, он согласен с постулатом о влиянии Гердера, в особенности в свете указания последнего, что каноническую эпическую поэму на иврите надлежит посвятить Моисею и исходу из Египта, однако, по его мнению, Вессели не смог справиться с этой задачей. Кроме того, Лаховер находит стилистическое сходство между поэмами Вессели и Клопштока, но указывает на большую идеологическую дистанцию между ними. В отличие от «Мессиады» с ее сентиментально-христианской религиозной направленностью, произведение Вессели (как минимум по мнению Лаховера) проникнуто духом Хаскалы. Действительно, Вессели дистанцируется от стиля народной сказки, «каковая есть душа эпоса», и объясняет несколько библейских чудес с рационалистической точки зрения. Он редко уносится на крыльях воображения, которые в эпической поэме полагается раскинуть пошире. В то же время Лаховер отмечает, что в «Песнях славы» есть несколько глубоко лирических эпизодов.

В книге, опубликованной вскоре после монографии Лаховера, Клаузнер совершенно однозначно высказывается о наличии влияния Гердера на «Песни славы»; он также полностью уверен в том, что Вессели писал свою поэму, ориентируясь на «Мессиаду» Клопштока. В подтверждение своей теории он указывает на то, что автоперевод на немецкий поэт назвал «Мессиада» — в подражание немецкому коллеге [Klausner 1960, 1: 119–120].

Исследователь еврейской литературы Хаим Нахман Шапиро не поддерживает выводов своих предшественников касательно связей между текстом Вессели и «Мессиадой» Клопштока [Shapiro 1940; 216–217]. Во-первых, сам Вессели никогда не упоминал о влиянии на него немецкой литературы. Во-вторых, существует принципиальная разница между Вессели, адептом рационализма, и Клопштоком, который тяготел к сентиментальной христианской религиозности и уже отвергнутому на тот момент классицизму. Его «Мессиада» — это, по сути, собрание экстатических гимнов, между которыми нет никакой логической связи; его описания имеют эзотерический или аллегорический характер. «В произведениях Вессели нет и намека на подобные вещи», — утверждает исследователь еврейской литературы Хаим Нахман Шапиро, добавляя, что единственное, что роднит Вессели и Клопштока, — это форма, так как оба создавали поэтические произведения на религиозной основе [Там же: 218, 227, 229, 231, 237]. Авраам Шапира утверждает, что если для «Мессиады» характерны непрозрачные стихи высокоэмоционального и загадочного толка, то в «Песнях славы» мы видим четкий план, безупречную упорядоченность и строгую композицию. По мнению Авраама Шапиры, Вессели демонстрирует склонность к сдержанности; лирические и сентиментальные элементы у него приглушены.

Исследователь еврейской литературы Авраам Шаанан, который был знаком со взглядами Лаховера, Клаузнера и Шапиры, отмечает и другие различия между двумя текстами [Shaanan 1962–1977, 1: 64–68]. В «Песнях славы» он усматривает сочетание эпических и лирических элементов, которые, однако, противопоставлены друг другу. Приводя в качестве примера несколько лиричсских фрагментов, Шаанан высказывает предположение, что Вессели (сознательно или неосознанно) пытался подражать одам и гимнам Клопштока. В целом Шаанан усматривает в «Песнях славы» две основные тенденции: «Одна — уход от лирики, другая — однозначное стремление разработать эпический сюжет, уже рассказанный в Библии, с гениальной сдержанностью» [Там же: 67].

В параллель к наблюдениям Шаанана, исследователь еврейской литературы Шимон Галкин приводит в лекциях, впоследствии опубликованных под названием «Течения и формы в современной литературе на иврите» («Zramim Ve-Tzurot Ba-Sifrut Ha-Ivrit Ha-Chadasha»), свои взгляды на жанровые противоречия в «Песнях славы». Он усматривает нестыковку между авторским стремлением рассказать историю и дидактическим посылом произведения. По его словам, этот эпос построен на двух принципах. Первый — подробности. Вессели добавляет детали, которых нет в Библии, то есть в первоисточнике сюжета его произведения. Частности эти он по большей части придумал сам. Второй принцип — толкования: автор делает пояснения, чтобы читателю проще было уловить связи между фактами, событиями и персонажами поэмы, уяснить психологическую мотивировку их чувств.

Галкин отмечает, что желание рассказать историю и желание описать Моисея, главного героя «Песен славы», как идеальную фигуру постоянно вступают в противоречие. Авторам эпических поэм свойственно выбирать масштабные фигуры и противопоставлять их величие обыкновенным, даже низменным персонажам, с которыми у идеализированного героя возникает противостояние. Тем не менее традиционная для эпоса идеализация кардинальным образом отличается от того, к чему прибегает в «Песнях славы» Вессели: «В рамках традиционной эпической идеализации описываются многочисленные поступки и деяния героя, события из его жизни» [Halkin 1984: 110–111]. Однако у Вессели мысли героя описаны подробнее, чем поступки, деяния и события. По мнению Галкина, слишком большая часть поэмы Вессели посвящена описанию мыслей и чувств, что представляется попыткой компенсировать скудость конкретных действий. Подробности, которые добавляет поэт, «не работают на создание эпического сюжета, но теряются в дебрях рефлексивных и эмоциональных монологов». Кроме того, Галкин отмечает, что, вопреки традиции эпического жанра, Вессели демонстрирует эгоцентрическое отношение к фигуре Моисея. По мнению Галкина, «автор не позволяет герою обосноваться в собственном центре, но ставит самого себя в центр произведения» [Там же: 113]. Как считает Галкин, который строит свою аргументацию на репрезентативном текстологическом анализе одной главы «Песен славы», все эти приемы значительно ослабляют эпический характер поэмы.

Исследовательница еврейской литературы Иегудит Барель подробнейшим образом изучила поэму Вессели. В своей монографии она говорит о влиянии эпического жанра, основы которого заложил Вессели, на возникновение и развитие традиции написания поэм в литературе на иврите в целом, а также на зарождение поэмы как жанра в литературе Хаскалы в частности.

Она оставляет без внимания сомнения и вопросы своих предшественников касательно соответствия «Песен славы» принципам эпического жанра. По ее мнению, это произведение, напротив, «воплотило в себе идеал еврейской поэзии в еврейской литературе, идеал эпической поэзии, кроме того, послужило образцом для тех, кто обращался к жанру поэм в следующие годы». В то же время Барель сознает, что «идеологически богословская формула отрицает саму возможность сосредоточиться на несовершенствах человеческой души» [Barel 1995: 17–18].

6.3. Отступление от жанровых канонов в «Песнях славы»

Анализ «Песен славы» в свете теории жанра эпоса показывает, что противоречия между сущностью этой поэмы и правилами жанра сильнее, чем представлялось авторам предыдущих исследований. Это выражается, в частности, во включении в поэму компонентов противоположных и несовместимых жанров (ср. [Cebrian 2008: 1–5]).

Эпос предполагает описание длительного временного промежутка в истории нации или крупной этнической группы [Бахтин 2000: 204]. Эпизоды из истории этой группы и события из ее жизни излагаются в героическом, идеалистическом или сентиментальном ключе, в космогоническом и едва ли не мистическом ракурсе, что затмевает фигуру автора; должны соблюдаться и другие каноны жанра. Форма эпоса — это форма сюжетной поэмы, написанной строгим размером, чаще всего в рифму. С этой точки зрения Вессели выбрал наиболее подходящую форму для отражения исторического и национального еврейского содержания. Однако, как уже было отмечено, в его тексте наблюдаются существенные отклонения от эпического канона.

6.4. Сюжет в эпосе и «Песнях славы»

Эпос, как правило, строится на исторических событиях из жизни того или иного народа, в этом смысле «Песни славы» не являются отклонением от канона. В поэме воссозданы исторические события во всей их извечной переменчивости, разнообразные образы выписаны конкретно и подробно — в попытке сделать каждый из них как можно нагляднее.

Произведения эпического жанра характеризуются единством сюжета, упором на основную сюжетную линию, отсечением побочных линий и ограничением их числа и значимости в тексте, при этом особо подчеркивается их связь с основным сюжетом. Однако в «Песнях славы» все не так. Здесь бросается в глаза многообразие сюжетных линий, слабо связанных между собой, требующих объяснения и толкования. Основной сюжет «Песен славы» излагает историю Моисея и народа Израиля во время исхода из Египта, при этом другие сюжеты, которые вводятся в том же порядке, что и в Библии, достаточно слабо связаны с основным, а взаимосвязи между ними не самоочевидны.

Подчеркнем, что эпизоды в «Песнях славы» расположены в том же порядке, что и в Библии. Невнятные взаимосвязи между ними не всегда уловимы, невозможно их объяснить в категории беллетристических критериев, то есть единства сюжета. Автор сохраняет верность тексту Библии путем того, что нарушает эпический канон, в результате сюжет имеет прерывистый, фрагментарный, зачаточный характер[4].

6.5. Образ главного героя в эпосе и «Песнях славы»

Для эпического жанра особенно характерны масштабные описания и нарративное многообразие. Примерами могут служить великолепные пейзажные зарисовки и описание природы как совершенной. Жизнь предстает гармоничной, погода соответствует настроению положительного героя.

Суть эпоса состоит в описании событий внешней реальности, а также поступков и деяний персонажей, прежде всего главного героя. В этом смысле между эпосом и авантюрным романом существует определенное сходство. Однако, если сюжет авантюрного романа имеет драматический характер, в сюжете эпоса

---

4 См. [Wessely 1789, 1: 1a–5b]. Приведенные ниже цитаты на иврите взяты из этого издания. См. также [Rosenbloom 1983: 3–52].

присутствует эпический дух. В своих поступках главный герой не руководствуется индивидуализмом, не преследует личных целей. Напротив, все его действия направлены на общее благо, показаны в масштабном ключе — как общечеловеческие или коллективные, непосредственно влияющие на будущее народа, приближающие национальное воздаяние и спасение от всех зол. Все события представлены в грандиозно-обобщенной форме, порой на грани с апокалиптичностью; произведение пронизано аллегорическими и символическими обертонами [Rosenbloom 1983: 6–7; Шкловский 1959: 271].

Хотя Моисей, главный герой «Песен славы», в целом действует в согласии с вышеперечисленными принципами, иногда он проявляет индивидуалистические чувства, а его решения или действия выглядят неожиданными и нестандартными. Это, например, видно в описании сомнений Моисея в сценах бегства, после убийства египетского надсмотрщика, который на глазах у Моисея избил раба-израильтянина [Wessely 1789, 1: 27a–b и далее]. Здесь надлежит отметить, что верность автора тексту Библии порою идет поэме во вред. Вессели старается в точности следовать библейскому сюжету и при этом создавать поэму в духе немецких эпосов. Оказывается, что библейские сюжеты и эпические принципы плохо совместимы друг с другом.

В эпической форме внешние темы трактуются почти без отсылок к эзотерическим вопросам, которым в этой конструкции, как правило, просто нет места. Считается, что эпос должен быть прежде всего посвящен описаниям славных, высокодуховных и отважных деяний героя, в этом случае Моисея [Bowra 1990: 126–127]. Эти деяния надлежит показывать выпукло, масштабно, ярко, с упором на внешние подробности (обстоятельства случившегося, детали внешности героя), а вот внутренним психологическим процессам особого внимания уделять не следует [Аникин 1981: 11–14; Hainsworth 1990: 5 и далее], при этом в «Песнях славы» сделан серьезный акцент на описании внутреннего мира Моисея, его сомнений, терзаний и слабостей. В этом смысле текст отходит от канонов эпического жанра, приобретая драматическую форму (см. ниже).

6.6. Фигура автора и соблюдение хронологического порядка в эпосе и «Песнях славы»

Одними из общепринятых канонов эпического жанра являются снижение значимости и минимизация функции автора, одновременно являющегося и нарратором. Эпос повествует о событиях, имевших место в далеком прошлом; в нем подчеркивается хронологическая дистанция между тем временем и нынешним, то есть временем нарратора. Период, в течение которого происходят события эпоса, должен быть представлен в героическом, восславляющем, идеалистическом — в противоположность современности, которая в тексте упоминается лишь вскользь и подается в реалистическом, сером, антигероическом свете [Бахтин 2000: 204–208]. В эпосе проводится четкое разграничение между славным прошлым, которое показывается как наследие всего народа, и настоящим, в котором существует автор. В эпосе не предполагается временной, физической или духовной близости между описываемыми событиями и автором: герои эпоса подобны полубогам, автор же воспринимается как обычный человек [Rosenthal 2000: 179–182].

Идя вразрез с вышесказанным, автор «Песен славы» играет в тексте весомую, даже главную роль. Значимость положения автора отражается в том, какой объем текста он посвящает самому себе и своим молитвам, посвященным Богу. Например, он обращается к Творцу в пространном и проникновенном монологе, в котором обосновывает свое решение заняться парафразом слов из Торы:

צורי! ספר זאת אל אחי חפצתי / נא השלם חפצי מאל מה יעצתי /
האצל עלי רוח ממעון קדשך / אם קטנתי ומחור קרצתי /
לדרוש מעמך את זאת התאמצתי / כי מעולם לא עזבת דורשך /
רוח חן תצוק על שפתי שוחריך / טוב לכל משכני ארוץ אחריך
(חברת ראשונה, עמ' ג' ב')

Моя Скала! Хочу поведать это братьям. / Осуществи, о мудрый Бог, мое желание, / Вдохни в меня Твоих святых чертогов дух. / Пусть я ничтожен и из плоти создан, / Решусь

Тебя об этом попросить, / Ведь не оставишь Ты тех, кто
Тебя взыскует. / Мне благодатью осени уста, к Тебе взываю-
щие. / Благой ко всем, Ты за собою позови меня [Wessely
1789, 1: 4a].

Автор обращается к Небесам с молитвенной просьбой наста-
вить его в искусстве поэзии:

היה נא עם פי למדני טוב טעם / אז שיר חדש אשירה לך הפעם /
ופנינים אדלה! מים חכמתך / כי זה הים גדול ורחב ידים /
לא אוכל לעבור בו גאו המים/ אל! תעבירני בו צדקתך
(‹א› ד ‹עמ› שם,)

Внемли моим устам, привей мне вкус хороший, / Тогда
я песню новую Тебе спою. / Достану жемчуг из моря Твоей
мудрости, / Просторно море то и широко. / Его не пересечь,
взметнулись воды. / Господь! Да переправит праведность
меня [Там же].

Автор обращается к Небесам с усердными и пространными
молитвами на самые разные темы, в числе которых — его отношения с Создателем, просьбы к нему ниспослать поэтическое
вдохновение, рассуждения о величии и мощи Творца, общие
размышления об отношениях между Богом и народами мира,
а также обращения к соплеменникам автора, находящимся по-
всюду, в том числе в чужих землях:

עתה הנפוצים מקדם עד ימה / אחי כלם! בארצות באתם שמה /
שמעו מה פעל אל! עמים הודהו /
אי אחי ספר דברי אלהינו / הקורות אשר קרו לאבותינו
(‹א› ה ‹עמ› שם,)

Рассеянные с востока до запада / Все братья мои! В землях,
куда вы попали, / Услышьте, что сотворил Бог! Славьте Его,
народы! / Где, братья, книга деяний Господа, / История того,
что случилось с нашими предками? [Там же: 5a].

В принципе, призывы ко Всевышнему не сильно отступают от
канонов эпического жанра, однако фигура автора эпоса находит-

ся в самом центре повествования, занимает в произведении центральное положение, тогда как фигура Моисея смещена в сторону. Ярко выраженное присутствие автора, говорящего от первого лица в настоящем времени, делает время автора живым и ничуть не более темным, чем эпоха Моисея: первое ничем не хуже второго. Отход от восхваления героической фигуры противоречит принципам эпоса.

Некоторые слова автора представляют собой сентиментальные излияния, скучные и поверхностные; складывается ощущение, что автор пытается привлечь внимание читателя в том числе к себе. Подобное отступление от эпического канона, в котором должен сохраняться восторженный тон, равно как и сосредоточенность на реалистической, наделенной индивидуальными чертами фигуре автора, ретроспективным образом усиливает гротескное ощущение от поэмы, лишая ее характерных свойств эпоса.

6.7. Эпос и драматизация

Главного героя эпоса полагается изображать в героическом, сугубо идеализированном ключе. Однако Моисея, уже представленного в агадических мидрашах, а впоследствии — в традиционной литературе (его идеализация граничит с мифологизацией), идеализировать еще сильнее просто невозможно. Напротив, показывая его как думающего человека, которого мучат дилеммы, автор преуменьшает масштаб его личности в сравнении с традиционными источниками. Вессели еще дальше отходит от эпического канона, добавляя подробности и включая в текст многочисленные описания сомнений и страданий Моисея. Например, когда в тексте появляется неопалимая купина, Вессели дает пространное описание самых разных чувств и колебаний, которые терзают Моисея:

«אַךְ מדוע לא יבער?» בינתו שואלת / פה אש פה להבה על מה תבערה אין? /
המראה הזה גדול! נפלא'' הוא ממנו / «לולי עיני רואות לשמועה לא האמנתי /
אסורה מזה אקרב למקום הלהבת / שרש דבר אחקור מה חזיתי אבינה!» /

רבו מחשבותיו אך מגדולות לא הלכו / חכם לב כמוהו ההוא לא יבין דעת /
כי אש זאת אש אלהים היא אש מתלקחת? / [...] / כראות חוקר לב כי מחשבותיו גם יחד /
גם אחת לא אמרה אש זאת הפלא פלא / [...] / איש האלהים לא ידע את קול מי שומע /
כי עליון דובר עמו נפשו לא האמינה /
(מחברת שניה, ה‹ א›–א‹ ו›)

«Почему она не горит? — вопрошает его разум. / — Вот огонь
и пламя, почему она не сгорает? / Сколь великое зрелище!» — для
него подобное чуду. / «Не поверил бы в слух такой, не увидев
своими глазами. / Отвернусь, подойду я к пламени ближе. / До-
берусь до сути вещей и постигну то, что узрел!» / Многие думы
его посещали, от великого не отвращая. / Иль не в силах постиг-
нуть тот, кому мудрое сердце дано, / Что огонь сей — от Бога
и он ничего не сжигает? <...> Заглянув ему в сердце, среди
мыслей его не видит Господь ни одной, / Где огонь бы этот назван
был чудом. <...> И не ведал Божий человек, чей слышал он
глас, / Ибо он не верил в душе, что с ним заговорит Всевышний
[Там же, 2: 5a–6a].

Вессели делает отдельный акцент на описании внутреннего
мира Моисея, тщательно раскрывая реалистические черты персонажа. Например, обрисовывая, как Моисей удивлен и озадачен
видом неопалимой купины, автор подчеркивает его несспособ-
ность осознать значение происходящего и самостоятельно
справиться с трудностями, возникающими на его пути. Такое
изображение способствует гуманизации (в противоположность
возвеличиванию и мифологизации) фигуры Моисея. Это, в свою
очередь, содействует драматизации и секуляризации (в противоположность сакрализации) всего произведения. Речь идет о еще
одном отступлении от эпического жанра [Hainsworth 1990: 3
и далее].

Тенденция к драматизации, совершенно нетипичная для
эпоса, прослеживается и в изображении других персонажей
поэмы. Вот, например, достаточно драматический диалог между
фараоном и повитухами, которые нарушили его приказ убивать
мальчиков, рожденных матерями-еврейками. Сцена, в которой
повитухи осознают, что фараон знает об их проступке, после
чего он начинает осыпать их упреками, полна драматизма, кото-

рый более характерен для других жанров, например романа. Фараон начинает с длинной назидательной речи, в которой содержится скрытая угроза в адрес повитух:

זעף וישלח למילדות מלאכי זעם/ לבוא לפני המרצח הזה נקראו /
דבר אליהן ושפתיו כאש צרבת / [...] «מדוע עשיתן זאת? למה רמיתוני?/
לעשות מצותיהבטחתן ואותי אל על שקר / וגמול טוב הבטחתי אתכן הפלתן ארצה /
הוי בוגדות! לא חמלתן עליכן אתנה/ ומה תוחלנה כי אחמול עליכן אני»
(מחברת ראשונה, ח‹ ב› ואילך)

> Он разъярился и ангелов гнева на повитух наслал. / Им приказали явиться к убийце. / С ними он заговорил, и губы его пылали огнем. <...> «Почему вы так поступили? Почему вы меня обманули? / Вы обещали мне подчиниться, и не смейте мне лгать. / Щедрую, мною обещанную награду вы швырнули на землю. / О изменницы! Их прощения вам от меня не видать, / И не надейтесь, что я вам дарую прощение» [Wessely 1789, 1: 8b и далее].

На это повитухи отвечают речью не менее пространной, в которой оправдывают свои поступки, выставляют себя слабыми и беспомощными, а также пытаются убедить фараона отменить свой указ. Подобная сцена, исполненная внутреннего напряжения, неуместна в эпосе с его героическим, полным пафоса духом: она ретроспективным образом понижает статус фараона. Фараон, который в итоге принимает на веру пустые слова повитух, предстает легковерным дурачком, человеком, лишенным авторитета, ведомым и даже легкомысленным. Иными словами, в этом персонаже нет ничего царственного, он предстает в гротескном свете, а характер его раскрывается в пародийном ключе.

6.8. Репрезентация времени в эпосе

В эпосе, как и во многих других жанрах, понятие времени трактуется особым образом. В древних эпосах поступательного хода времени не существовало, оно изображалось статически или циклично, возвращаясь в исходную точку. Это понятно и уместно, потому что поступательный ход времени в эпосе привел бы к до-

бавочной драматизации сюжета (см. выше) [Аникин 1981: сн. 10].
Хотя в более поздних эпосах присутствует историческая перспектива, которая, как правило, возникает из предварительных утверждений или заключительных рассуждений нарратора, внутри эпоса время остается линейным, оно движется от прошлого через настоящее в будущее, без ретроспекций и оценки с точки зрения грядущей исторической перспективы [Гуревич 1963: 108, 116].

Однако изображение времени в «Песнях славы» полностью противоположно такому представлению, считающемуся типичным для эпоса. Так, в «Песнях славы» мы видим сочетание крайне эмоциональных описаний главного героя, что характерно для эпоса, с пространными рационалистическими диахроническими пояснениями в духе Хаскалы, через которые автор комментирует его поведение [Wessely 1789, 2: 37b–38b]. Более того, стремление автора объяснять чудеса, которыми сопровождался исход евреев из Египта, в реалистически-рациональном ключе создает странное смешение древних представлений о времени, существовавших в эпоху Моисея, и взглядов, существовавших при жизни автора [Там же: 41a–43b]. Это нестандартное сочетание временных планов снижает героический накал эмоций, характерный для этого жанра.

6.9. Эпос и «Песни славы»: между пафосом и пародией

Читая «Песни славы», все отчетливее убеждаешься в том, что это произведение находится на грани между эпическим пафосом и пародией на нее. Пародийность в «Песнях славы» является непреднамеренной, автор не замечает этого эффекта. Теоретически такая пародия могла быть добавлена задним числом по ходу написания трагедии или некоего патетического либо сентиментального текста, пронизанного духом идеализации. На самом деле исходным стремлением автора было подчеркнуть именно эти аспекты своего произведения, однако пародийные и сатирические составляющие, видимо, возникли антитетически, непроизвольно, прежде всего из-за избыточного количества эмфаз. В европейской литературе много примеров такого феномена, достаточно вспомнить «Мадам Бовари» Г. Флобера. Флобер глубоко и искренне идентифицирует себя с главной героиней и ее судьбой [Breut 1994].

То же справедливо и в отношении «Песен славы». Запредельный пафос этого произведения, который был уместен и приемлем в «Мессиаде» Клопштока в 1748 году, почти 40 лет спустя, в 1785 году, когда были опубликованы «Песни славы», предстает, вопреки намерениям автора, пародийным, саркастическим и сатирическим. В этот период эпический жанр уже клонился к закату, поэтому наивные эпические произведения вроде «Песен славы» неизбежно представали таковыми, вне зависимости от того, являлось ли это намеренным замыслом автора или нет [Там же].

Более того, ощущение пародии также возникает в свете смешения разных беллетристических компонентов из разных и даже противоположных жанров, которые соединены в поэме. Элементы крайне пафосного жанра, такого как эпос, насильственно смешиваются с реалистическими и драматическими элементами. Возвышенный героизм сосуществует с бытом и человеческими слабостями, в результате возникает комический эффект, что в итоге только усиливает пародийное звучание произведения. Докучные вмешательства автора в ход повествования нарушают эпические принципы, и в итоге создается, пусть и непреднамеренно, абсурдно-пародийная атмосфера. На сознательном уровне Вессели явно не стремился к тому, чтобы создать произведение, граничащее с пародией [Shipley 1972: 298–299].

Смешение элементов разных и даже несовместимых жанров или беллетристических компонентов, взятых из разных контекстов, которые по сути своей совершенно несовместимы, — это проверенный временем рецепт написания пародии, вне зависимости от того, собирался писать ее автор или нет. Достаточно вспомнить две всемирно известные пародии, созданные примерно в то же время, что и «Песни славы». Первая появилась за несколько десятилетий до публикации еврейского эпоса — это «Жизнь и мнения Тристрама Шенди, джентльмена» (1759–1767) английского писателя Лоренса Стерна (1713–1768). Пародийность этого текста обусловлена, помимо прочего, тем, что в нем соединены элементы разных и даже противоположных жанровых источников. В этом беззастенчивом смешении звучат всевозможные мнения (помимо напыщенно-банальной точки зрения главного героя) касательно вещей, обычно считающихся возвышенными и полными пафоса. Кроме того, с целью создания гротескно-пародийного эффекта Стерн часто отклоняется от общепринятых правил написания романов. Помимо прочего, в тексте есть необъяснимые отступления от основной сюжетной линии, достойнейший главный герой время от времени предстает антигероем, а автор постоянно вмешивается в ход повествования. Пародийная сторона «Тристрама Шенди» становится очевидной не сразу, на первый взгляд роман читается как откровенно сентиментальный. Однако сочетание компонентов, характерных для сентиментализма, с элементами, принадлежащими к другим жанрам, создает явственно пародийный слой [Шкловский 1959: 271]. Эта пародия, которая, как уже говорилось, была опубликована за двадцать с лишним лет до «Песен славы», была переведена на большинство европейских языков и оказала значительное влияние на возникновение жанра пародии в разных литературах. Вессели, возможно, читал этот роман и наверняка сознавал, что выбранный им способ изображения эпического создаст эффект, противоположный желаемому.

Другой пародией на эпос стал «Евгений Онегин», роман в стихах А. С. Пушкина (1799–1837), который публиковался по главам в 1825–1832 годах. Этот роман также был тогда известен во всей Европе, а пародийный слой в нем был создан путем контрастного сочетания разных стилей и направлений, таких как пафос и реализм; сентиментализм подавался как нечто игривое, а трагикомический тон соседствовал с иронией. Необъяснимые отступления от основной сюжетной линии, лукавые вмешательства автора в течение повествования (по ходу которых он часто изливает читателю душу) выглядят одновременно и забавными, и отталкивающими. Благодаря этим чертам в тексте возникают комические, гротескно-пародийные и сатирические элементы, соседствующие с трагическим и сентиментальным измерениями [Miller 2000: 255–258; Lapidus 2006].

Можно привести и другие примеры из европейской литературы того периода, когда были написаны «Песни славы», которые также продемонстрируют, как гротескно-пародийная составляющая произведений создается через смешение элементов несовместимых жанров. Следует, однако, отметить, что в большинстве таких текстов эта составляющая не является ни основной, ни определяющей. Она скорее имеет второстепенный характер и появляется задним числом, тогда как по замыслу в этих произведениях должны были присутствовать пафос, позитивизм и сентиментализм.

Вессели, в свою очередь, создает сложный узор разных жанров и стилей, прежде всего из-за близости его текста к эпической поэме Клопштока «Мессиада» (что уже отмечалось выше). Но в то же время он не обращает внимания на существование других произведений, где присутствует схожая мозаика из элементов, хотя в них она служит строго противоположной цели. В его время сочетание таких элементов уже было проверенным приемом создания юмористического эффекта, читатели Вессели также об этом знали. Вряд ли можно с полным правом заявить, что Вессели слишком поздно вышел на литературную сцену, чтобы написать исполненный пафоса эпос, на манер тех, которые возникли в ходе истории европейской литературы, при этом совершенно очевидно, что его поэма, которая задумывалась как революция в литературе на иврите, появилась в переходный период, когда эпические произведения, исполненные пафоса и сентиментальности, уже сходили с литературной сцены, уступая место пародии и сатире.

6.10. Заключение

Действительно, невозможно представить себе, что Вессели намеренно создавал поэму подспудно-пародийного характера, дополняя этими свойствами свой эпос, позитивистский по своей сути. Тем не менее рассматривать эту эпическую поэму надлежит в широком контексте. Ее необходимо читать, осмыслять и оценивать на фоне схожих явлений в европейской литературе, тем более что она тесно связана с ними, прежде всего с немецким эпическим жанром того периода (см. выше).

В европейской литературе того времени использовался прием создания пародийного тона посредством необъясненного сочетания компонентов разных жанров, особенно через использование элементов, позаимствованных из жанров, сополагать которые не принято. Русский поэт Пушкин и английский писатель Стерн уже создали мозаику из разнородных стилей, к которой относятся имитация, поддержание диалога между автором и читателем и автором и Богом, а также появление нарратора по ходу повествования. С помощью этих приемов они создавали гротескный, драматический, пародийный и сатирический тон, каковые не уместны в эпосе, построенном на едином стиле, возвышенном и патетическом [Бахтин 1975; Бахтин 1965; Hainsworth 1990: 7].

Точно такое же смешение присутствует и в поэме Вессели. Автор постоянно заглядывает за пределы зачарованного мира воображения, каковой должен представать читателю в эпическом произведении, и высказывает собственные чувства, фоном которым служат описания возвышенных деяний патриархов; неуместным образом сополагает древние времена Моисея со своим настоящим; имитирует молитвы; часто позволяет себе иные отступления [Шкловский 1959: 271]. Однако у Вессели, судя по всему, было недостаточно опыта работы с композицией в беллетристике, а уж тем более в эпосе, и он, скорее всего, был не знаком с приемами, использовавшимися в современной ему европейской литературе.

Собственно говоря, можно сказать, что эта эпическая поэма принадлежит к литературе еврейского Возрождения, однако с чисто литературной точки зрения форма, в которой поданы соответствующие чувства, на момент создания поэмы уже успела устареть. Создание этой эпической поэмы стало существенным новаторством, имевшим большое значение для литературы на иврите, однако появилась она в период, когда в европейской литературе уже наблюдались признаки умирания эпоса и других основанных на пафосе жанров. Это свидетельствует о том, что развитие литературы на иврите происходило с задержкой относительно развития европейских литератур.

Библиография

Русскоязычные монографии

Аникин 1981 — Аникин Г. Черты эпического повествования // Проблемы метода и жанра в зарубежной литературе / под ред. Н. Михальского. Б. Пуришева и др. М.: Наука, 1981. С. 3–20.

Анненков 1983 — Анненков П. Литературные воспоминания / предисл. В. Кулешова; примеч. А. Долотовой, Г. Елизаветиной, И. Манна, И. Павловой. М.: Художественная литература, 1983.

Бахтин 1965 — Бахтин М. Творчество Франсуа Рабле и народная культура Средневековья и Ренессанса. М.: Художественная литература, 1965.

Бахтин 1975 — Бахтин М. Вопросы литературы и эстетики. М.: Художественная литература, 1975.

Бахтин 1979a — Бахтин М. Проблемы поэтики Достоевского. М.: Советская Россия, 1979.

Бахтин 1979б — Бахтин М. Эстетика словесного творчества. М.: Искусство, 1979.

Бахтин 2000 — Бахтин М. Эпос и роман. СПб.: Азбука, 2000.

Безлепкин 1997 — Безлепкин Н. Немецкий идеализм и русская философия языка // Русская и европейская философия: пути схождения / под ред. Е. Ананьевой, А. Большакова, Е. Соколова. СПб.: Кафедра, 1997. С. 165–171.

Бердяев 1912 — Бердяев Н. Алексей Степанович Хомяков: очерк. М.: Типография А. И. Мамонтова, 1912.

Бердяев 1970 — Бердяев Н. Философия неравенства: письма к недругам по социальной философии. Париж: YMCA-пресс, 1970.

Бердяев 1989–1990 — Бердяев Н. О «вечно бабьем» в русской душе // Бердяев Н. Собр. соч. в четырех томах. Т. 3. Париж: YMCA-пресс, 1989–1990. С. 361–362.

Бердяев 2004 — Бердяев Н. Судьба России. М.: АСТ, 2004.

Будницкий 2005 — Будницкий О. Российские евреи между красными и белыми, 1917–1920. М.: Российская политическая энциклопедия, 2005.

Веневитинов 1980 — Веневитинов Д. Стихотворения, проза. М.: Наука, 1980.

Восход 1881 — Учено-литературный и политический журнал «Восход». СПб., 1881.

Восход 1882 — Учено-литературный и политический журнал «Восход». СПб., 1882.

Герцен 1947 — Герцен А. Былое и думы. Л.: Художественная литература, 1947.

Герцен 2012 — Герцен А. Русские немцы и немецкие русские. М.: Директ-медиа, 2012.

Григорьев 1986 — Григорьев А. Искусство и нравственность. М.: Современник, 1986.

Гудзий 1960 — Гудзий Н. Лев Толстой: критико-биографический очерк. М.: Художественная литература, 1960.

Гулыга 1982 — Гулыга А. Шеллинг. М.: Молодая гвардия, 1982.

Гуревич 1963 — Гуревич А. Время как вопрос в истории культуры // Вопросы философии. 1963. № 3. С. 105–116.

Гуревич-Лищинер 2006 — Гуревич-Лищинер С. П. Я. Чаадаев в культуре двух веков. СПб.: Нестор-история, 2006.

Достоевский 1980 — Достоевский Ф. Дневник писателя, 1873 // Достоевский Ф. Полн. собр. соч.: в 30 т. Т. 21. Л.: Академия наук СССР, 1980.

Егоров 1991 — Егоров Б. Борьба эстетических идей в России середины 1860-х годов. Л.: Искусство, 1991.

Еремеев 1990 — Еремеев А. О концепции «философская проза» // Вопросы литературы. 1990. № 1. С. 84–91.

Ермичев, Златопольская 1998 — Ермичев А., Златопольская А. П. Я. Чаадаев в русской мысли: опыт историографии [предисловие] // П. Я. Чаадаев: PRO ET CONTRA. Личность и творчество Петра Чаадаева в оценке русских мыслителей и исследователей / под ред. Д. Бурлака. СПб.: Русский христианский гуманитарный институт, 1998. С. 7–40.

Замалеев 1991 — Замалеев А. Три лика России // Россия глазами русского. Чаадаев, Леонтьев, Соловьев / сост. и предисл. А. Замалеева. СПб.: Российская академия наук, 1991. С. 5–16.

Иванов 1994 — Иванов В. О русской идее // Родное и вселенское. М.: Республика, 1994. С. 360–372.

Исупов, Бойков 1998 — Исупов К., Бойков В. Личность П. Я. Чаадаева и его философия истории // Россия глазами русского. Чаадаев, Леонтьев, Соловьев / под ред. и с предисл. А. Ф. Замалеева. СПб.: Российская академия наук, 1991. С. 155–168; перепеч. в: П. Я. Чаадаев: PRO ET CONTRA. Личность и творчество Петра Чаадаева в оценке русских мыслителей и исследователей / под ред. Д. К. Бурлака. СПб.: Русский христианский гуманитарный институт, 1998. С. 9–20.

Каменский 1991 — Каменский З. Парадоксы Чаадаева // Чаадаев П. Полн. собр. соч. и избр. письма в двух томах / под ред. З. Каменского. Т. 1. М.: Академия наук СССР, 1991. С. 9–85.

Киреевский 1979 — Киреевский И. Критика и эстетика. М.: Искусство, 1979.

Кравченко 2014 — Кравченко П. Святая Русь: историческая миссия, национальная идея, форма правления. М.: Возрождение, 2014.

Кузнецов 2007 — Славянофильство // Словарь философских терминов / под ред. В. Кузнецова. М.: Инфра-М, 2007. С. 511–513.

Левандовский 1990 — Левандовский А. Время Грановского. У истоков формирования русской интеллигенции. М.: Молодая гвардия, 1990.

Лермонтов 1958 — Лермонтов М. Собр. соч.: в 4 т. М.-Л.: Издательство Академии наук СССР, 1958. С. 543–544.

Максимов 1964 — Максимов Д. Поэзия Лермонтова / под ред. Г. Фридлендера. М.: Наука, 1964.

Максимов 1969 — Максимов Д. О двух стихотворениях Лермонтова // Русская классическая литература. Разборы и анализы / под ред. Д. Устюжина. М.: Просвещение, 1969. С. 127–147.

Носов 1990 — Носов С. Аполлон Григорьев: судьба и творчество. М.: Советский писатель, 1990.

Овсянико-Куликовский 1923–1924 — Овсянико-Куликовский Д. Собр. соч.: в 9 т. СПб.: Гослитиздат, 1923–1924.

Песков 1994а — Песков А. У истоков русского философствования: шеллингианские таинства любомудров // Вопросы философии. 1994. № 5. С. 89–118.

Песков 1994б — Песков А. У истоков русского философствования: русская идея С. П. Шевырева // Новое литературное обозрение. 1994. № 7. С. 123–139.

Пинскер 2008 — Пинскер Л. Автоэмансипация. Призыв русского еврея к своим соплеменникам // Теодор Герцль. Еврейское государство. Опыт современного решения еврейского вопроса / под ред. С. Городецкого, О. Либкина; предисл. Х. Бен-Иакова. М.: Текст, 2008. С. 141–186.

Пресняков 1980 — Пресняков О. Поэтика познания и творчества: теория словесности А. Потебни. М.: Художественная литература, 1980.

Проскурина 1991 — Проскурина В. О жизни и мышлении П. Я. Чаадаева [предисловие] // Чаадаев П. Избр. соч. и письма. М.: Правда, 1991. С. 3–20.

Салтыков-Щедрин 1965–1977 — Салтыков-Щедрин М. Наша общественная жизнь, 1863–1864 // Салтыков-Щедрин М. Собр. соч.: в 20 т. Т. 6. М.: Художественная литература, 1965–1977. С. 7–352.

Троцкий 1991 — Троцкий Л. Литература и революция. М.: Политиздат, 1991.

Федотов 1991 — Федотов Г. Судьба и грехи России. СПб.: София, 1991.

Хомяков 1900–1906 — Хомяков А. Полн. собр. соч. Алексея Степановича Хомякова в восьми т. 3-е изд. М.: Университетская типография на Страстном бульваре, 1900–1906.

Хомяков 1955 — Хомяков А. Избр. соч. / сост. и предисл. Н. Арсеньева. Нью-Йорк: Издательство им. Чехова, 1955.

Хомяков 1986 — Хомяков А. Несколько слов о философическом письме // Символ. 1986. № 16. С. 121–134.

Цимбарева 1996 — Цимбарева Н. Вступление // Самарин Ю. Избр. произв. / под ред. Н. Цимбаревой. М.: Московский философский фонд, 1996. С. 3–22.

Чаадаев 1991 — Чаадаев П. Полн. собр. соч. и избр. Письма в двух томах. М.: Академия наук СССР, 1991.

Чаадаев 2016 — Чаадаев П. Философические письма: сб. М.: Директ-Медиа, 2016.

Шкловский 1959 — Шкловский В. Художественная проза: размышления и разборы. М.: Художественная литература, 1959.

Юзефович 2010 — Юзефович И. Хаим Нахман Бялик и русские символисты: особенности поэтики. М.: Киберленинка, 2010.

Работы на языке оригинала

Alter 1988 — Alter R. The Invention of Hebrew Prose: Modern Fiction and the Language of Realism. Seattle; London: University of Washington Press, 1988.

Alter 1997 — Alter R. Magic Realism in the Israeli Novel // The Bloom in Contemporary Israeli Fiction / ed. by Alan Mintz. Hanover: Brandeis University Press, 1997. P. 17–34.

Bernstein 1984 — Bernstein J. M. The Philosophy of the Novel: Lukacs, Marxism and the Dialectics of Form. Minneapolis: University of Minnesota Press, 1984.

Biro 1992 — Biro S. The Nationalities Problem in Transylvania, 1867–1940: A Social History of the Romanian Minority under Hungarian Rule, 1867–1918, and of the Hungarian Minority under Romanian Rule, 1918–1940 / Translated by M. D. Fenyo. Highland Lakes, NJ: East European Monographs, 1992.

Bloom 1975 — Bloom H. The Anxiety of Influence: A Theory of Poetry. Oxford: Oxford University Press, 1975.

Bowra 1990 — Bowra M. G. Some Characteristics of Literary Epic // The Epic, Developments in Criticism / ed. by R. P. Draper. London: Macmillan, 1990. P. 121–130.

Brennan 1964 — Brennan J. G. Three Philosophical Novelists: James Joyce, Andre Gide, Thomas Mann. New York: The Macmillan Company; London: Collier-Macmillan Limited, 1964.

Breut 1994 — Breut M. Le haut et le bas: essai sur le grotesque dans Madame Bovary de Gustave Flaubert. Amsterdam: Rodopi, 1994.

Casaliggi 2016 — Casaliggi C. Romanticism: A Literary and Cultural History. New York: Routledge, 2016.

Cebrian 2008 — Cebrian R. B. Comic Epic and Parodies of Epic: Literature for Youth and Children in Ancient Greece. Zurich: George Olms Verlag Hildesheim, 2008.

Chaadayev 1954 — Chaadayev P. Ya. Philosophischen Briefe [Философические письма] / Translated by Heinrich Falk // Falk H. Das Weltbild Peter J. Tschaadajews nach seinen acht «Philosophischen Briefen» [Мировоззрение Чаадаева согласно его восьми философическим письмам]. Munich: Isar Verlag, 1954. P. 85–128.

Cherkasova 2009 — Cherkasova E. Dostoevsky and Kant: Dialogues on Ethics / Foreword by G. L. Kline. Amsterdam: Rodopi, 2009.

Compagnon 1998 — Compagnon A. Literature, Theory, and Common Sense / Translated by C. Cosman. Princeton, NJ: Princeton University Press, 1998.

Dralle 1991 — Dralle L. Die Deutschen in Ostmittel- und Osteuropa: Ein Jahrtausend europaeischer Geschichte [Немцы в Центральной Западной и Западной Европе: тысяча лет европейской истории]. Darmstadt: Wissenschaftliche Buchgesellschaft, 1991.

Dumoulie 2002 — Dumoulie C. Literature et philosophie. Le gai de la literature. Paris: Armand Colin, 2002.

Ferber 2010 — Ferber M. Romanticism: A Very Short Introduction. Oxford: Oxford University Press, 2010.

Foley 1990 — Foley J. M. Traditional Epic. The Odyssey, Beowulf, and the Serbo-Croatian Return Song. Berkeley and Los Angeles: University of California Press, 1990.

Hainsworth 1990 — Hainsworth J. B. What is an Epic? // Hainsworth J. B. The Idea of Epic. Berkeley: University of California Press, 1990.

Hardie 1993 — Hardie Ph. The Epic Successors of Virgil. A Study in the Dynamics of a Tradition. Cambridge: Cambridge University Press, 1993.

Herder 1782 — Herder J. H. von. Vom Geist der ebraeischen Poesie: eine Anleitung fuer die Liebhaber derselben, und der aeltesten Geschichte des menschlichen Geistes [О духе еврейской поэзии: справочник для тех, кто любит ее и древнейшую историю человеческого духа]. Dessau: Buchhandlung der Gelehrten, 1782.

Himka 1988 — Himka J.-P. Galician Villagers and the Ukrainian National Movement in the Nineteenth Century. Edmonton: Canadian Institute of Ukrainian Studies, University of Alberta, 1988.

Hitchins 1985 — Hitchins K. The Idea of Nation: The Romanians of Transylvania, 1692–1849. Bucharest: Encyclopaedic Publishing House, 1985.

Hogan 2000 — Hogan P. C. Philosophical Approaches to the Study of Literature. Gainesville, FL: University Press of Florida, 2000.

Horowitz 2009 — Horowitz B. Jewish Nationalism and Acculturation in 19th- and Early 20th Century Russia. New Orleans: Tulane University Press, 2009.

Horowitz 2013 — Horowitz B. Russian Idea–Jewish Presence: Essays on Russian-Jewish Intellectual Life. Boston: Academic Studies Press, 2013.

Jones 1975 — Jones P. Philosophy and the Novel: Philosophical Aspects of «Middlemarch», «Anna Karenina», «The Brothers Karamazov», «A la recherché du temps perdu» and of the Methods of Criticism. Oxford: Clarendon Press, 1975.

Kann, Zdenek 1984 — Kann R. A., Zdenek V. D. The Peoples of the Eastern Habsburg Lands, 1526–1918. Seattle: University of Washington Press, 1984.

Kozik 1986 — Kozik J. The Ukrainian National Movement in Galicia: 1815–1849 / Edited and introduced by Lawrence D. Orton. Edmonton: Canadian Institute of Ukrainian Studies, University of Alberta, 1986.

Kozlowski 1984 — Kozlowski E. The Polish Nation and the Hungarian Revolution of 1848–1849 // East Central European Society and War in the Era of Revolutions, 1775–1856 / ed. by K. Kiraly. New York: Brooklyn College Press, 1984. P. 578–590.

Lapidus 2003 — Lapidus R. Between Snow and Desert Heat: Russian Influences on Hebrew Literature, 1870–1970. Cincinnati: Hebrew Union College Press, 2003.

Litvak 2012 — Litvak O. Haskalah. The Romantic Movement in Judaism. New Brunswick, New Jersey, London: Rutgers University Press, 2012.

Marković 1978 — Marković M. La philosophie de l'inégalité et les idées politiques de Nicolas Berdiaev. Paris: Nouvelles Editions Latines, 1978.

Meiniger 1974 — Meiniger T. A. The Formation of a Nationalist Bulgarian Intelligentsia, 1835–1878. PhD diss., University of Wisconsin Press, Madison, 1974.

Miller 2000 — Miller D. A. The Epic Hero. Baltimore: The John Hopkins University Press, 2000.

Milner-Gullard 1991 — Milner-Gullard R. R. «My Soul's Anxiety is Stilled...»: An Analysis of Mikhail Lermontov's «Kogda Volnuetsia Zhelteiushchaia Niva...» // Mikhail Lermontov–Commemorative Essays / ed. by A. Briggs. Birmingham: Birmingham University Press, 1991. P. 79–88.

Miron 1968 — Miron D. A Traveler Disguised: A Study in the Rise of Modern Yiddish Fiction in the Nineteenth Century. Ann Arbor: Michigan University Press, 1968.

Mondry 2009 — Mondry H. Exemplary Bodies: Constructing the Jew in Russian Culture since the 1880s. Boston: Academic Studies Press, 2009.

Murav, Avrutin 2011 — Murav H., Avrutin E., eds. Jews in the East European Borderlands: Essays in Honor of John Klier. Boston: Academic Studies Press, 2011.

O'Neil, Sandy 2006 — O'Neill M., Sandy M., eds. Romanticism: Critical Concepts in Literary and Cultural Studies. Vol.1. London: Routledge, 2006.

Ostrowski 2006 — Ostrowski D. «Moscow the Third Rome» as Historical Ghost // Byzantium, Faith, and Power (1261–1557): Perspectives on Late Byzantine Art and Culture / ed. by S. T. Brooks. New Haven: Yale University Press, 2006. P. 170–179.

Pinsker 1944 — Pinsker L. Auto-Emancipation // Pinsker L. Road to Freedom. Writings and Addresses / Introduction by Ben-Zion Netanyahu. New York: Scopus Publishing Company, 1944. P. 74–106.

Pinsker 1994 — Pinsker L. Letter to J. L. Gordon // Pinsker L. Road to Freedom. Writings and Addresses / Introduction by B.-Z. Netanyahu. New York: Scopus Publishing Company, 1944.

Rosenstock-Huessy 1951 — Rosenstock-Huessy E. Die europäischen Revolutionen und der Charakter der Nationen [Европейские революции и национальный характер]. Stuttgart: W. Kohlhammer, 1951.

Rosenthal 2000 — Rosenthal O. Épopée et roman dans les discours théoriques en France (XVIème-XVIIème siècles) // Plaisir de l'épopée / ed. by G. Mathieu-Castellani. Saint Denis: Presses Universitaires de Vincennes, 2000. P. 173–188.

Safranski 2014 — Safranski R. Romanticism: A German Affair / Translated by R. E. Goodwin. Evanston, Illinois: Northwestern University Press, 2014.

Shapira 2010 — Shapira A. Hebrew Literature and the Creation of the Zionist Narrative // Polish and Hebrew Literature and National Identity / ed. by A. Moliak, Sh. Ronen. Elipsa. 2010. P. 19–26.

Shipley 1972 — «Parody» // Dictionary of World Literature / ed. by J. T. Shipley. Totowa, NJ: Littlefield, Adams, 1972. P. 298–299.

Shklovsky 1990 — Shklovsky V. B. The Novel as Parody: Sterne's Tristram Shandy // Shklovsky V. B. Theory of Prose / Translated by Benjamin Sher. Normal, IL: Dalkey Archive Press, 1990. P. 147–170.

Smadja 2009 — Smadja R. Introduction a la philosophie de la literature: La literature dans les limites de la simple raison. Paris: Honore Champion, 2009.

Stanislawski 1988 — Stanislawski M. For Whom Do I Toil: Judah Leib Gordon and the Crisis of Russian Jewry. Oxford: Oxford University Press, 1988.

Warner 2009 — Warner M. Philosophy and Literature: Yesterday, Today and Tomorrow // Ratio: An International Journal of Analytic Philosophy. 2009. Vol. 22. № 4: special issue Philosophy of Literature / ed. by S. Schroeder. P. 486–507.

На прочих языках

Barel 1995 — Barel Y. Ha-Poema ha-ivrit me-hithavuta ve-ad re'shit ha-me'a ha-esrim: Michkar. Jerusalem: Mosad Bialik, 1995 [на иврите].

Barzel 2017 — Barzel H. «Yehuda Leib Gordon: Yahadut ve-hitbolelut» [Йегуда Лейб Гордон. Еврейство и ассимиляция] // Maskil ba-et ha-zot–Sefer yovel leMoshe Pelli, ma'amarim be-Haskalah, sifrut yivrit ve-limmudei yahadut [Маскилы нашего времени: исследования памяти Моше Пелли, статьи о Хаскале, еврейской литературе и иудаике] / ed. by Z. Gerber, L. Khakak, Sh. Katz. Tel Aviv: Ha-Kibbutz ha-meuchad, 2017. P. 40–65 [на иврите].

Ben-Yeshurun 1955 — Ben-Yeshurun (Kitaikesher) Ya. Ha-Shira ha-rusit ve-hashpa'ata al ha-shira ha-yivrit ha-chadasha [Русская поэзия и ее влияние на новую поэзию на иврите]. Tel Aviv: Devir, 1955 [на иврите].

Bialik 1965a — Bialik Ch. N. Levad–Kullam nasa ha-ruach, kullam sachaf ha-or [Всех их ветер унёс, всех их день веселит] // Bialik Ch. N. Ktavav [собр. соч.]. Vol. 1. Tel Aviv: Devir, 1965. P. 141–142 [на иврите].

Bialik 1965b — Bialik Ch. N. Ba-yir ha-harega [В городе резни] // Bialik Ch. N. Ktavav [собр. соч.]. Vol. 1. Tel Aviv: Devir, 1965. P. 350–360 [на иврите].

Bialik 1965c — Bialik Ch. N. Meuvat lo yukhal litkon [Искаженного не поправишь] // Bialik Ch. N. Ktavav [собр. соч.]. Vol. 2. Tel Aviv: Devir, 1965. P. 175–179 [на иврите].

Bialik 1981 — Bialik Ch. N. Levad–Kullam nasa ha-ruach, kullam sachaf haor [Всех их ветер унес, всех их день веселит] // Bialik Ch. N. Shirim [стих-ния] / ed. By Rut Nevo. Tel Aviv: Devir, 1981 [на иврите].

Brener 1911 — Brener Y. Ch. Mi-kan umi-kan. Shesh machberot u-miluim [Отсюда и оттуда: шесть записных книжек и дополнения]. Warsaw: Sifrut, 1911 [на иврите].

Brener 1960–1978 — Y. Ch. Misaviv la-nekuda [Вокруг точки] // Brener Y. Ch. Kol ktavav [собр. соч.]. Tel Aviv: Ha-Kibbutz ha-meuchad, 1960–1978 [на иврите].

Ettinger 1966 — Ettinger Sh. Toldot am Yisrael mi-mahapekhot 1848 ad le-hakamat medinat Yisrael [История израильского народа от революций 1848 года до создания государства Израиль]. Jerusalem: Akademon, 1966 [на иврите].

Ettinger 1969 — Ettinger Sh. Toldot am Yisrael [История еврейского народа]. Vol. 3. Toldot Yisrael be-et he-chadasha [История еврейского народа в современную эпоху]. Tel Aviv: Devir, 1969 [на иврите].

Ettinger 1970 — Ettinger Sh. Ha-reka' ha-ideologi le-hofa'ata shel ha-sifrut ha-antishemit hachadasha be-Rusia [Идеологический фон возникновения новой антисемитской литературы в России]. Tzion 35, 1970 [на иврите].

Ettinger 1994 — Ettinger Sh. Bein Polin le-Rusia [Между Польшей и Россией]. Jerusalem: Mosad Bialik, 1994 [на иврите].

Gordon 1959–1960 — Gordon Y. L. Ktavav [соч.]. Tel Aviv: Devir, 1959–1960 [на иврите].

Gordon 2012 — Gordon Y. L. Lilmod et sfat ha-moledet. Ma'amarav shel Y. L. Gordon be-Voschod ba-shanim 1881–1882 [Выучить родной язык: сб. пер. ст. Й. Л. Гордона в «Восходе», 1881–1882] / translated, edited, and introduction by Rina Lapidus. Jerusalem: Mosad Bialik, 2012 [на иврите].

Halkin 1984 — Halkin Sh. Zeramim ve-tzurot ba-sifrut ha-yivrit ha-chadasha [Течения и формы в современной литературе на иврите]. Vol. 1: Perakim be-sifrut ha-Haskalah ve-Chibbat Tzion [Главы по литературе Хаскалы и Ховевей Цион Chapters in literature of Haskalah and Chibbat Zion] / ed. by Tz. Kagan. Jerusalem: Mosad Bialik, 1984 [на иврите].

Hazaz 1924 — Hazaz Ch. Mi-zeh umi-zeh [Оттуда и отсюда] // Ha-Tekufa. 1924. № 21. P. 7–32 [на иврите].

Hazaz 1970 — Hazaz Ch. Nakhar shotef [Река течет] // Hazaz Ch. Chagurat mazalot: Sippurim [Пояс знаков зодиака: рассказы]. Tel Aviv: Am Oved, 1970. P. 164–263, 11–111. Перепеч. в: Hazaz Ch. Asara sippurim [Десять рассказов]. Tel Aviv: Am Oved, 1988 [на иврите].

Hazaz 1980 — Hazaz Ch. Shemuel Frankfurter // Ha-Tekufa. № 23. 1925. P. 81–134, 237–284. Перепечатано в: Hazaz Ch. Pirkei mahapekha [Главы революции]. Tel Aviv: Am Oved, 1980 [на иврите].

Klausner 1960 — Klausner Y. Ha-historia shel ha-sifrut ha-yivrit ha-chadasha [История современной литературы на иврите]. Jerusalem: Achiasaf, 1936–1950. Reprinted 1960 [на иврите].

Kopelman 2003 — Kopelman Z. Nokhechuto shel Mikael Lermontov ba-shira ha-yivrit, mi-emtza' a-me'a ha-19 ve-ad yameinu [Присутствие Михаила Лермонтова в поэзии на иврите с середины XIX века и до наших дней]. PhD dissertation, Hebrew University, Jerusalem, 2003 [на иврите].

Lachover 1936 — Lachover F. Y. Toldot ha-sifrut ha-yivrit ha-chadasha [История современной литературы на иврите]. Tel Aviv: Devir, 1936 [на иврите].

Lapidus 1985 — Lapidus R. Al liv'yatan ve-shor ha-bar–bein Brener le-Dostoevski [Про кита и дикого быка — между Бренером и Достоевским] // Moznayim. 1985. № 1–2. P. 31 34 [на иврите].

Lapidus 1993a — Lapidus R. Dostoyevsky be-levush yuhaduti — «Ha-chet ve-onsho» ba-targumo shel Y. Ch. Brener [Достоевский в еврейском обличии — «Преступление и наказание» в переводе Й. Х. Бренера] // Jerusalem Studies in Hebrew Literature. 1993. № 14. P. 275–291 [на иврите].

Lapidus 1993b — Lapidus R. Mussagim ve-tavniot: Ha-lashon ha-rusit be «Misaviv la-nekuda» Y. Ch. Brener [Концепты паттернов: русский язык в «Вокруг точки» Й. Х. Бренера] // Nekudot mifne ba-sifrut ha-yivrit ve-zikatan la maga'yim im sifruyot acherot [Поворотные точки в литературе на иврите в свете ее контактов с другими литературами] / ed. by Z. Shamir, A. Holzmann. Tel Aviv: Tel Aviv University Press, 1993. P. 157–165 [на иврите].

Lapidus 1998 — Lapidus R. Pirkei ha-mahapekha le-Hazaz ke-parodia la-sifrut ha-ide'ologit ha-sovyetit [«Главы революции» Хазаза как пародия на советскую идеологическую литературу] // Bikoret u-Parshanut. 1998. № 33. P. 49–59 [на иврите].

Lapidus 2006 — Lapidus R. Roman be-charuzim «Yevgeni Onegin» shel Aleksandr Pushkin be-targumo ha-yivri shel Avraham Shlonsky [Роман в стихах: «Евгений Онегин» Александра Пушкина в переводе на иврит

Авраама Шлонского] // Mechkarei Yerushalaim be-sifrut yivrit. 2006. № 20. P. 353–370 [на иврите].

Lapidus 2008 — Lapidus R. «Baʻal ha-bait ve-ha-poel» me-et L. N. Tolstoy be-targumo ha-yivri shel Y. Ch. Brener [«Хозяин и работник» Л. Н. Толстого в переводе Й. Х. Бренера на иврит] // Misaviv la-nekuda: Mechkarim chadashim ʻal M. Y. Berdichevsky, Y. Ch. Brener, A. D. Gordon [Вокруг точки: новые исследования творчества М. И. Бердичевского, Й. Х. Бренера и А. Д. Гордона] / ed. by A. Holtzman, G. Katz, Sh. Ratzabi. Beer Sheva: Ben Gurion University of the Negev, 2008. P. 187–209 [на иврите].

Miron 1979 — Miron D. Bein chazon la-emet: Nitzavei ha-roman ha-yivri veha-yidi be-mea ha tsha-esre [Между сном и явью: зарождение романа на иврите и идише в XIX веке]. Jerusalem: Mosad Bialik, 1979 [на иврите].

Miron 1997 — Miron D., ed. Ha-chayim be-appo shel ha-netzach: Yetzirato shel Uri Nisan Gnesin–chamisha machzorei yiyunim [Лицом к лицу с вечностью: произведения Уни Нисана Гнессина: исследование в пяти циклах]. Jerusalem: Mosad Bialik, 1997 [на иврите].

Nathan 1986 — Nathan E. Ha-poema «Metei midbar» — shorasheya bashira ha-rusit ve-hayivrit [Поэма «Мертвецы пустыни» — ее корни в русской и еврейской поэзии]. PhD diss., Hebrew University, Jerusalem, 1986 [на иврите].

Nathan 1990 — Nathan E. Tchernichovski u-Vialik: Shirei ha-gevura ve-ha-khoach ve-zikatam la-simbolizm ha-rusi [Черниховский и Бялик: песни о мощи и героизме и их связь с русским символизмом] // Proceedings of the Tenth World Congress of Judaic Studies. Jerusalem: The Hebrew University in Jerusalem, 1990. P. 151–158. Перепечатано в расширенном виде в: Tchernichovski: Mechkarim ve-teʻudot [Черниховский: документы и исследования] / ed. by B. Orfali. Jerusalem: Mosad Bialik, 1994. P. 199–216 [на иврите].

Nathan 1993 — Nathan E. Ha-derekh le-«Metei midbar» — ʻal poema shel Bialik ve-ha-shira ha-rusit [Путь к «Мертвецам пустыни» — о стихотворении Бялика и русской поэзии]. Tel Aviv: Ha-Kibbutz ha-meuchad, 1993 [на иврите].

Pinsker 1960 — L. Mevasser ha-techiya ha-leʼumit. «Ha-otoemansipatzia» ve ha-bikkoret ʻaleyha, chozrim u-neʼumim, mikhtavim mi-Pinsker ve-elav / Translated, edited, and introduction by M. Yoali. Tel Aviv. Masada, 1960 [на иврите].

Rosenbloom 1983 — Rosenbloom N. Ch. Ha-epos ha-mikraʼi me-ʻidan ha-Haskalah ve-ha parshanut [Библейский эпос в Хаскале и экзегезах]. Jerusalem: Rubin Mass, 1983 [на иврите].

Shaanan 1962–1977 — Shaanan A. Ha-sifrut ha-yivrit ha-chadasha li-zerameya [Тенденции в современной литературе на иврите]. Tel Aviv: Massadah, 1962–1977 [на иврите].

Shalev 1989 — Shalev M. Roman rusi [Русский роман]. Tel Aviv: Am Oved, 1989 [на иврите].

Shapira 2010 — Shapira A. Hebrew Literature and the Creation of the Zionist Narrative. In Polish and Hebrew Literature and National Identity / ed. by Moliak A., Ronen Sh. Warsaw: Elipsa, 2010. P. 19–26.

Shapira 1940 — Shapira Ch. N. Toldot ha-sifrut ha-yivrit ha-chadasha [История современной литературы на иврите]. Tel Aviv: Massadah, 1940 [на иврите].

Shavit 1987 — Shavit U. Shira ve-ideo'ologia [Поэзия и идеология]. Tel Aviv: Ha-Kibbutz ha meuchad and Keter, 1987 [на иврите].

Smolenskin 1925a — Smolenskin P. Ben-Moshe. Am Olam [Народ вечности] // Smolenskin P. Ben-Moshe. Ma'amarim [статьи]. Vol. 1. 1. Jerusalem: Keren Smolenskin, 1925. P. 1–162 [на иврите].

Smolenskin 1925b — Smolenskin P. Ben-Moshe. Et lata'at [Время сеять] // Smolenskin P. Ben-Moshe. Ma'amarim [статьи]. Vol. 1. 2. Jerusalem: Keren Smolenskin, 1925. P. 1–290 [на иврите].

Wessely 1789 — Wessely N. H. Shirei tif'eret [Песни славы]. Berlin: Chevrat chinukh li-ne'arim, 1789 [на иврите].

Предметно-именной указатель

Абрамсон Яков 101
Австро-Венгерская империя 29, 34
автоэмансипация 74
Аксаков Иван Сергеевич 18, 26
Аксаков Константин Сергеевич 18, 30, 32, 33, 35, 68, 71
Аксаков Сергей Тимофеевич 68
алия 101
Англия 58
антисемитская литература 31
Ахад-ха-Ам 74

Барель Иехудит 114, 115
Бахтин Михаил Михайлович 90, 92, 93, 115, 118, 127
Безлепкин Николай Иванович 61
Белинский Виссарион Григорьевич 22, 40, 45
Бен-Йехуда Элиэзер 28, 29
Бердяев Николай Александрович 16, 18, 19, 72, 79–81
Берковиц Ицхак Дов 7
Блум Гарольд 109
Бройдес Реувен Ашер 100
Бренер Йосеф Хаим 7, 100, 101
Вокруг точки 101
Отсюда и оттуда 101

Будницкий Олег Витальевич 97
Булгаков Михаил Афанасьевич 90, 91
Белая гвардия 91
Мастер и Маргарита 90, 91
Бялик Хаим Нахман (Хаим Иосифович) 8, 103, 104

Вавилонская башня 61, 62
Веневитинов Дмитрий Владимирович 17, 45
Вессели Нафтали Герц 8, 10, 110–127
Владимир Святой (Великий), князь 43
Восточная Европа 8, 13, 14, 16, 25–27, 30, 33, 40, 54, 70, 72, 75, 103
Восход, журнал 42–44, 46, 48–50, 53, 55, 56
Время, журнал 24

Габсбургская империя 27
Галкин Шимон 113, 114
Гамелиц / Защитник, газета 36, 37
Гегель Георг Вильгельм Фридрих 15, 16, 18, 19, 22, 61

Гербарт Иоганн Фридрих 61
Гердер Иоганн Готфрид 54,
111, 112
Германия 32, 37, 58, 110
Герцен Александр Иванович 19,
20, 22, 25
*Русские немцы и немецкие
русские* 25
Гоголь Николай Васильевич 23
Голос, газета 36
Гордон Йегуда Лейб 8, 27, 33,
35–72
Литературная летопись
42, 43
Горький Максим 104
Гражданская война 97, 99
Грановский Тимофей Николае-
вич 22
Грец Генрих (Цви Гирш) 111
Григорьев Аполлон Александро-
вич 23
Гумбольдт Фридрих Вильгельм
Кристиан Карл Фердинанд
фон 54, 61

День, газета 32
Достоевский Михаил Михайло-
вич 24
Достоевский Федор Михайлович
23–25, 57, 90–94, 100, 101
Бесы 91
Братья Карамазовы 91, 93, 94
Подросток 91
Преступление и наказание 91,
93, 94

еврейство 31, 37, 48, 66, 70, 72, 75,
81, 85, 98, 109
Египет 58, 111, 112, 116, 123

западники 16, 17, 19–23, 30, 32,
38, 45, 65, 66, 69–71, 84
Земля Израиля 30, 38, 39, 109

Иванов Вячеслав Иванович 72,
82, 83
Иерусалим 101
Израиль 60, 65, 76, 105, 116
Иисус 51, 93
исход из Египта 58, 111, 112,
116, 123
Италия 58
Иуда Искариот 51, 93
Иудея 83

Кант Иммануил 61
католицизм 26, 37
Киевская Русь 43, 70
Киреевский Иван Васильевич 18,
22, 36
Кишеневский погром 103
Клаузнер Иосиф Львович 30, 31,
38, 112, 113
Клопшток Фридрих Готлиб
111–113, 124, 126
Мессиада 111–113, 124, 126
Крымская война 23

Лаховер Иерухам Фишл
112, 113
Лермонтов Михаил Юрьевич 89,
102, 103
Выхожу один я на дорогу... 102
Герой нашего времени 89
*Когда волнуется желтеющая
нива...* 102
Литературная газета 104
Лотце Рудольф Герман 61
любомудры 17, 18

Мапу Абрам Куселевич (Кушеле-
      вич) 100
маскилы 28, 29, 32, 35, 39, 41, 59,
      61, 66, 69, 71
мидраш 111, 120
Миркин Яков Моисеевич 106
Моисей 51, 111, 112, 114, 116, 117,
      120, 121, 123, 127
монгольское завоевание 70
Москва 22, 23, 44, 90

Нагибин Юрий Маркович 90
      Моя золотая теща 90
Наполеон 15
наполеоновские войны 15
нацисты 109
новгородцы 43
Новый Завет 98

Овсянико-Куликовский Дми-
      трий Николаевич 84
Одоевский Владимир Федоро-
      вич 17
Октябрьская революция 97, 98,
      104, 106
Островский Александр Николае-
      вич 23

Палестина 8, 31, 101, 105, 106
Петр I, император 17, 21, 38, 50,
      51, 84
Пинес Иехиэль Михаэль 31
Пинскер Иехуда Лейб (Лео, Леон,
      Лев Семенович) 8 27, 28, 30,
      72–85
      Автоэмансипация 8, 30
погромы 33, 36, 37, 47, 53, 54, 97,
      99, 103
Польша 25, 26

Потебня Александр Афанасьевич
      54, 61
почвенничество 24, 25
православная церковь 21,
      22, 37
Просвещение 7–11, 17, 18, 22, 28,
      33, 38, 72, 112
      еврейское 7–11, 28, 72, 112
      русское 17, 18
Пушкин Александр Сергеевич
      23, 125, 127
      Евгений Онегин 125

Радищев Александр Николае-
      вич 90
      *Путешествие из Петербурга
      в Москву* 90
романтизм 14, 17, 19, 61, 110
Российская империя 7, 8, 11,
      13–27, 34, 54, 72, 97, 103
      русская душа 18, 19, 23–25,
      48, 80

Салтыков-Щедрин Михаил
      Евграфович 25
Самарин Юрий Федорович 18,
      35, 64, 66, 71
Санкт-Петербургскаяой акаде-
      мия наук 18
сионизм 8, 31, 33, 38, 72, 84,
      101, 106
Смоленскин Перец (Моисеевич)
      8, 27–30, 34, 36, 100
Современник, журнал 25
СССР 97, 104, 105
Станиславский Михаил
      (Майкл) 33
Стерн Лоренс 124, 125, 127
Страхов Николай Николаевич 25

Талмуд 103
Темкин Ашер (Ошер) 55
толстовство 98
Толстой Лев Николаевич 23, 90,
　91, 96, 98–101
　Война и мир 91
　Детство 90
　Отец Сергий 91
　Отрочество 90
　Фальшивый купон 91
　Юность 90
Тора 60, 118
Трансильвания 27
Третий Рим 22
Тургенев Иван Сергеевич 22

Украина 8, 47, 97

Фихте Иоганн Готлиб 61
Флобер Гюстав 124
Франция 23, 37, 58

Хазаз Хаим 8, 96, 97, 99, 105
Хаскала 8, 10, 13, 28, 30, 31, 35, 36,
　39–41, 50, 71, 72, 100, 111, 112,
　114, 123
Ховевей Цион, партия 8, 30, 33,
　37–40, 72
холокост 95, 109
Хомяков Алексей Степанович
　18–20, 24, 25, 30–32, 34, 41–64,
　66–68, 71, 74, 75, 77–79, 84

Мнение иностранцев о России
　24, 44, 47, 49, 51, 74
*Мнение русских об иностран-
цах* 24
Разговор в Подмосковной 63
христианство 21, 22, 32, 43, 98,
　99, 112

Цвейфель Элиэзер Цви
　ха-Кохен 31

Чаадаев Петр Яковлевич 35, 45,
　65–67, 69–77, 79, 82, 84, 85
Чернышевский Николай Гаври-
лович 90

Шаанан Авраам 113
Шалев Меир 106, 107
Шапира Хаим Нахман 112, 113
Шевырев Степан Петрович
　18, 47
Шеллинг Фридрих Вильгельм
　Йозеф 15–17, 19, 61
Шолохов Михаил Александро-
вич 90
Штейнберг Яков Владимирович
　(Вульфович) 8

Эпоха, журнал 24
Эрец-Исраэль 109
Эттингер Шмуэль 31–33
юдофобия 75

Оглавление

Введение. Русские идейные корни еврейского
  Просвещения и литературы на иврите 7

Часть I
Русские корни национальных идей еврейского
Просвещения и сионистского движения в Российской империи:
Э. Бен-Йехуда, Й. Л. Гордон, Й. Л. Пинскер, П. Смоленскин

Глава 1. Истоки национальных идей Хаскалы в Российской
  империи 13
  1.1. Введение 13
  1.2. Зарождение национальных движений в Восточной
  Европе и Российской империи 13
  1.3. Национальные идеи после Наполеоновских войн
  в Европе и России 15
  1.4. Любомудры 17
  1.5. Движение славянофилов, русская душа,
  А. С. Хомяков 18
  1.6. Славянофилы, Петр I и православная церковь 21
  1.7. Интеллектуальный круг А. А. Григорьева
  и А. Н. Островского 23
  1.8. Почвенничество 24
  1.9. Националистические движения поляков
  и национальных меньшинств 25
  1.10. Заключение 27

Глава 2. Развитие еврейского национального самосознания
и отражение этого процесса в научной литературе 28

2.1. Европейские националистические тенденции как
фон еврейского национального пробуждения:
Бен-Йехуда, Пинскер, Смоленскин 28

2.2. Евреи глазами славянофилов 30

2.3. Неприязненные отношения между русскими
и евреями и погромы 1880-х годов 33

Глава 3. Сравнение взглядов Гордона и русских
мыслителей 35

3.1. Гордон как ведущий представитель Хаскалы и его
взгляды на понятие «национальность» 35

3.2. «Бутыль фельетонов» Гордона 36

3.3. Еврейский национальный вопрос в понимании
Гордона 39

3.4. Параллели между национальными идеями Хаскалы
и националистическими движениями в России 40

3.5. Уникальность русского и еврейского народов:
параллельные концепты 41

3.6. Душа нации сокрыта и непостижима
для иностранцев 46

3.7. Национальная гордость, которую испытывает
«наш» народ в силу его духовности и высокой
нравственности 48

3.8. Иностранцы — фактор, вызывающий
недопонимание между народами 49

3.9. Недостаток понимания со стороны других
народов в конечном итоге ведет к враждебности
по отношению к «нам» 53

3.10. Роль русских и евреев в создании собственного
отрицательного образа в глазах иностранцев 54

3.11. Слепое стремление подражать всему иностранному
(как в русском обществе, так и среди евреев) 57

3.12. Необходимость сохранять исконный
национальный язык и развивать его —
основополагающий компонент национализма 59

3.13. Трагедия Вавилонской башни ждет всякий народ,
который отказался от сохранения своего исконного
национального языка 61

3.14. Необходимость использовать достижения
и познания других народов на благо своего
и продвигать свои национальные цели 62

3.15. «Наши народы не способны сближаться
так быстро, как мы надеялись» 66

3.16. Поиск необходимого равновесия между
национальным и универсальным 67

3.17. Критика консервативных элементов внутри
«нашего» народа, которые не готовы сделать шаг
навстречу просвещенной Европе 69

3.18. Заключение 70

Глава 4. Сравнение националистических взглядов Пинскера
со взглядами Н. А. Бердяева, В. И. Иванова
и П. Я. Чаадаева 72

4.1. Й. Л. Пинскер и его национальные устремления 72

4.2. География как важнейший фактор развития
любой нации 73

4.3. Деградация любого народа в отсутствие четкой
национальной повестки в глазах других народов 74

4.4. Отсутствие прочных культурных основ, связанное
с отсутствием национальной повестки 75

4.5. Место нации среди других 76

4.6. Признание нации другими 78

4.7. Слабость национального самосознания у разных
народов 78

4.8. Отсутствие у нации самоуважения 78

4.9. Необоснованные ожидания чуда: невмешательство
в политику, пассивность, подчинение влиянию других 79

4.10. Бердяев о национальных правах русских и евреев 81

4.11. Пути национального возрождения 82

4.12. Заключение. Мировоззрение Хомякова, Чаадаева
и славянофилов в сопоставлении с мировоззрением
Пинскера 84

Часть II
Русское идейное влияние в художественных
произведениях на иврите

Глава 5. Русский богословский роман и его идеологическое
воплощение в литературе на иврите 89
5.1. Основные романные жанры в русской литературе
XIX и XX веков 89
5.2. Богословский роман в русской литературе XIX
и начала XX века 90
5.3. Богославский роман в сравнении с идеологическим
романом в литературе на иврите 95
5.4. Богословские повести в литературе на иврите:
«Шмуэль Франкфуртер» Хазаза 97
5.5. Идеологические элементы в прозаических
произведениях на иврите XIX и начала XX века 99
5.6. Тенденция замещать богословские мотивы
идеологическими в поэзии на иврите 102
5.7. Идеологический роман в русской литературе
и литературе на иврите в первой половине XX века 104
5.8. Заключение 107
Глава 6. Поэма «Песни славы» Н. Г. Вессели 110
6.1. Введение. Непреднамеренный пародийный эффект
от смешения литературных жанров с религиозным
пафосом 110
6.2. Жанровые свойства «Песен славы» 111
6.3. Отступление от жанровых канонов в «Песнях славы» 115
6.4. Сюжет в эпосе и «Песнях славы» 115
6.5. Образ главного героя в эпосе и «Песнях славы» 116
6.6. Фигура автора и соблюдение хронологического
порядка в эпосе и «Песнях славы» 118
6.7. Эпос и драматизация 120
6.8. Репрезентация времени в эпосе 122
6.9. Эпос и «Песни славы»: между пафосом и пародией 123
6.10. Заключение 126
Библиография 128
Предметно-именной указатель 140

Научное издание

Рина Лапидус
РУССКИЕ КОРНИ ЕВРЕЙСКОЙ МЫСЛИ
И ЛИТЕРАТУРЫ НА ИВРИТЕ

Директор издательства *И. В. Немировский*
Ответственный редактор *О. Немира*
Куратор серии *Е. Яндуганова*
Заведующая редакцией *И. Емельянова*

Дизайн *И. Граве*
Редактор *П. Матвеева*
Корректоры *Н. Занозина, А. Филимонова*
Верстка *Е. Падалки*

Подписано в печать 01.07.2025.
Формат издания 60 × 90 $^1/_{16}$. Усл. печ. л. 9,3.
Тираж 200 экз.

Academic Studies Press
1577 Beacon Street, Brookline, MA 02446 USA
https://www.academicstudiespress.com

ООО «Библиороссика».
198207, г. Санкт-Петербург, а/я № 8

Эксклюзивные дистрибьюторы:
ООО «Караван»
ООО «КНИЖНЫЙ КЛУБ 36.6»
http://www.club366.ru
Тел./факс: 8(495)9264544
e-mail: club366@club366.ru

Книги издательства можно купить
в интернет-магазине: www.bibliorossicapress.com
e-mail: sales@bibliorossicapress.ru

12+

*Знак информационной продукции согласно
Федеральному закону от 29.12.2010 № 436-ФЗ*

www.ingramcontent.com/pod-product-compliance
Lightning Source LLC
Chambersburg PA
CBHW070353100426

42812CB00005B/1496